なるにはBOOKS

大学
学部調べ

教養学部

木村由香里 著

ぺりかん社

はじめに

文部科学《もんぶかがく》省の学校基本調査（２０１９年度）によると、全国には総数７８６校の大学が存在し、新しい学問分野の学部もつぎつぎと新設されています。大学への進学を考えている中学生や高校生にとって、広過ぎる選択肢《せんたくし》からの大学選び・学部選びは、なかなか悩《なや》ましいものがあるのではないでしょうか。「文学部」「法学部」といった従来からある学部でさえ、具体的にどんな勉強をして、将来はどのような道に進む人が多いのか、などを理解している人は少ないのでは。「大学学部調べ」シリーズは、そんな悩《なや》める中学生や高校生が、大学の各学部に関して知りたい、と思っている情報を網羅《もうら》して紹介《しょうかい》する書籍《しょせき》です。

本書では、「教養学部」（国際教養学部、グローバル教養学部など国際系も含《ふく》む）を紹《しょう》介《かい》しています。教養学の学びは日本《にほん》の大学でも古くから存在しましたが、教育改革で実学（医学・法学・経済学・工学など）に力が注がれ、おろそかにされていた時期がありました。ところが近年では、国際化や複雑化する社会環境《かんきょう》の変化もあって、幅広《はばひろ》い知識＋専門性を追求する教養学部があらためて注目されています。

では教養学部は、具体的に何を勉強する学部なのか。それをひと言で説明することは難しいのですが、取材中に聞いた「すぐ役に立つことは、すぐ役に立たなくなる」「一見関係ないと思われることが、あとになって解決の糸口になる」「鳥の目で見るように世の中を見る」などといった言葉が、まさにこの学部を象徴《しょうちょう》しています。教養学部の学問は非常に自由度が高いことが魅力《みりょく》で、極端《きょくたん》なことをいえばあまり関係があるとは思えない文学と数学、社会学と物理学などまったく分野の違《ちが》う学問も組み合わせて学べ、いつか応用できる教養の引き出しを増やすことが可能です。チャレンジ精神の旺盛《おうせい》な人や、好奇心の強い人、いい意味でのオタクの人にとっては、なかなかおもしろい学部だと思います。

教養学部とはどのような学部か、どんな勉強をするのか、その学びのもつ意義を、本書を通して少しでも多く伝えることができたら幸いです。また、教員、在学生、卒業生の方々に協力していただいたインタビューでは、この学部の輪郭《りんかく》を知ることができると思いますので、進路選択《せんたく》の際の参考にしてもらえればうれしいです。

大学は４年間ありますが、ふり返ってみると長いようで案外短いものです。この貴重な時間をむだにせず、思いっきりいろいろな体験を積んでください。この時期に経験した、よいことも失敗したことも、それがのちの財産となります。最後になりましたが、本書をつくるにあたり、ご協力をしていただいたみなさま、ありがとうございました。

著者

教養学部　目次

はじめに……3

1章 教養学部はどういう学部ですか？

Q1 教養学部は何を学ぶところですか？……10
Q2 どんな人が集まってくる学部ですか？……14
Q3 学んだことを社会でどう活かせますか？……18

2章 教養学部ではどんなことを学びますか？

Q4 教養学部では主にどんな専攻がありますか？……24
Q5 国際関係・国際開発系の専攻課程では何を学びますか？……28
Q6 社会学・メディア・コミュニケーションの専攻課程では何を学びますか？……30
Q7 経済・経営系の専攻課程では何を学びますか？……32
Q8 政治・法学系の専攻課程では何を学びますか？……34
Q9 歴史・哲学・文学系の専攻課程では何を学びますか？……36
Q10 心理学・文化学の専攻課程では何を学びますか？……38

Q11 数学や情報科学の専攻課程では何を学びますか？……40
Q12 物理学・生物学系の専攻課程では何を学びますか？……42
Q13 教養学部と結びつきやすい学問分野はなんですか？……44
教員インタビュー1 埼玉大学 草野大希さん……46
教員インタビュー2 国際基督教大学 毛利勝彦さん……50

3章 教養学部のキャンパスライフを教えてください

Q14 教養学部ならではの授業はありますか？……56
Q15 教養学部ならではの授業外活動はありますか？……60
Q16 この学部ではどんな人や世界にふれることができますか？……64
Q17 教養学部では必ず留学しなくてはいけないの？……68
Q18 教養学部の学生の一日を教えてください……70
Q19 入学から卒業までの流れを教えてください……74
学生インタビュー1 国際基督教大学 河手弥々さん……78
学生インタビュー2 埼玉大学 堀口友里さん……82
学生インタビュー3 早稲田大学 三橋祐和さん……86

学生インタビュー4　東海大学　岡田拓海さん……90

4章 資格取得や卒業後の就職先はどのようになっていますか？

Q20 卒業後に就く主な仕事はなんですか？……96
Q21 教養学部で取りやすい資格を教えてください……100
Q22 意外な仕事でも活躍している先輩はいますか？……104
卒業生インタビュー1　UNICEF　佐々木佑さん……108
卒業生インタビュー2　プライスウォーターハウスクーパースあらた有限責任監査法人　木村聡宏さん……112
卒業生インタビュー3　商船三井　山崎翔平さん……116
卒業生インタビュー4　ヴィジオアイリス　飯田夏木さん……120

5章 教養学部をめざすなら何をしたらいいですか？

Q23 教養学部のある大学の探し方・比べ方を教えてください……126
Q24 かかわりの深い教科はなんですか？……130
Q25 学校の活動で生きてくるようなものはありますか？……134
Q26 すぐに挑める教養学部にかかわる体験はありますか？……138

＊本書に登場する方々の所属・情報などは、取材時のものです。

1章

教養学部は
どういう学部ですか？

Q1 教養学部は何を学ぶところですか？

人文科学・社会科学・自然科学の幅《はば》広《ひろ》い学びを

法学部や経済学部、工学部などは学部の名前を聞くと、おおよそどんな勉強をする学部か、想像がつくよね。じゃあ、教養学部ってなんの勉強をするところだろう？

教養学部をひと言でいうならば、学問分野の枠《わく》を取り払い、人文科学・社会科学・自然科学のあらゆる領域の科目を学べる学部だということ。ひとつの学問に特化するのではなく、テーマに関して複数の学問分野からアプローチしながら、学びを進めていく。

複数の学問分野を学ぶメリットは、一見関係ないと思われる科目でも学んでいくうちに、ひとつの科目だけを勉強していたのでは、気づかなかった事柄《ことがら》や、問題点が見えてくるということ。そして、その解決法も複数の分野の学問を参考にしながら、多角的に導き出していく。医学部や工学部、理学部などの学部が、分野のスペシャリストを育てることを目的とするならば、教養学部は論理的な思考力、判断力や分析《ぶんせき》力、問題解決能力などを身に

つけたジェネラリストの育成をめざしているといえる。

ジェネラリストとして幅広《はばひろ》い教養を育むため、各大学ではさまざまな分野の科目を設けている。1、2年生では各領域の基礎《きそ》学問について分野を超《こ》えて横断的に学びながら、専《せん》攻《こう》とする分野を見つけ出していく。また、ひと口に教養学部といっても、コース設定、カリキュラムや開講している講座には各大学の特色が表れている。志望校を決めるときには、大学のパンフレットやホームページなどでよく調べてみよう。

リベラルアーツと教養学部

教養学部の理念はリベラルアーツだ。この本では、教養学部の学生や卒業生、先生たちのインタビューも載《の》せていて、「リベラルアーツ」という言葉が多く登場する。教養学部を知る上で押《お》さえておきたいこの言葉に関して少し話しておくね。リベラルアーツという言葉は、日本語《にほんご》に翻訳《ほんやく》するときに、ぴったり合う言葉がないんだ。今は「教養」と訳されているけれど、日本人が一般的《いっぱんてき》に考える「物知り」＝教養とはまったく意味が異なる。**リベラルアーツとは本来、人が自由になり、いろいろな可能性に向かうための知識や、生きるための力をつける学問を意味している。**もともとはギリシャ・ローマ時代の学問で、古い歴史をもっているんだよ。**今の時代もリベラルアーツの根本は変わらない。幅広《はばひろ》い領域**

で知識を深めて、課題に対し多角的な視野で分析《ぶんせき》、解決案を探る力を育む学問といえるだろう。リベラルアーツの学びは欧米《おうべい》では盛《さか》んで、アメリカにはリベラルアーツ系の大学は５００校以上ある。いずれの大学も小規模で、教授一人に対して生徒数も少ない。日本《にほん》の大学の教養学部でもこれにならって、少人数教育を導入している。

増えつつある教養学部

ここ数年、教養学部という名前以外にも国際教養学部、グローバル教養学部などリベラルアーツ系の学部を設置する大学が増えてきている。この本ではそれらも含《ふく》めて教養学部と呼んでいる。もとも

主な学部の系統別分類

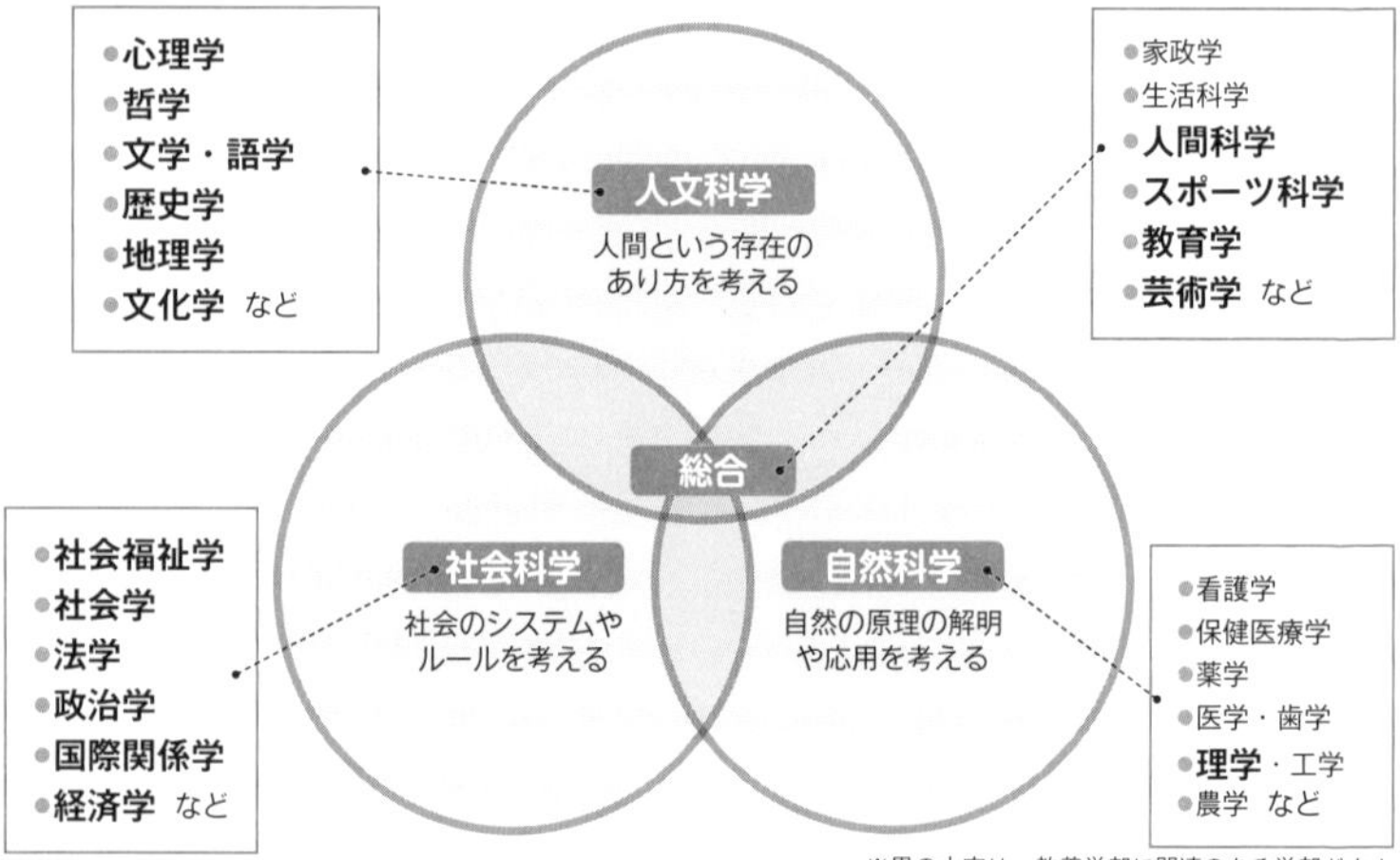

※黒の太字は、教養学部に関連のある学部だよ！

と日本のリベラルアーツ教育の歴史は古いのだけど、１９９０年代後半以降、世界のグローバル化が加速してから、再びこの学びが注目されることになったんだ。

「リベラルアーツとテクノロジーを結びつける」とは、アメリカのアップルの創業者の一人で、Machintosh や iPhone などを開発したスティーブ・ジョブズの言葉だ。ジョブズは大学を中退後、再度大学に戻《もど》って、カリグラフィー（西洋書道）を学ぶのに没頭《ぼっとう》していた。一見、ＩＴには関係ない学びだ。でも、「カリグラフィーを学んだことで、アップルのコンピュータ、Machintosh を作ることができた」とジョブズは語っている。Ｍａｃの斬新《ざんしん》なデザインやフォントの開発に、この学びが役に立ったという。テクノロジーの新しい技術だけを追求する学びでは、社会に変革をもたらすような製品は生まれない。ジョブズは役に立たないと思う学問も学んでこそ、それが役に立つときもあるというリベラルアーツの本質を体現し、この学問が再度認識されるきっかけをつくったんだ。

教養学部の学びは、今のように先が見えない時代にこそ必要な学問。著しい社会の変化に柔軟《じゅうなん》に対処できる人間を形成する学問でもあるんだ。

人間が生き抜《ぬ》くための知恵《ちえ》や応用力を育む学問だよ

Q2 どんな人が集まってくる学部ですか？

さまざまな事柄《ことがら》に対する問題意識と行動力

教養学部はなんでも学べるという学部の特徴《とくちょう》から、専攻《せんこう》を明確にしないで入学してくる人もいる。たとえば、いろいろな学科の基礎《きそ》を履修《りしゅう》した後に、自分の専攻《せんこう》をじっくり探したいという人や、いろいろな学問分野に興味があり過ぎて、何を専攻《せんこう》したらいいのか絞《しぼ》り切れていないなど、ほんとうにさまざまな人たちが入学してくる。でも、1年生で選《せん》択《たく》した基礎的《きそてき》な授業が終わるころには、ほとんどの人は自分の興味のある分野を見つけて、専攻《せんこう》を絞《しぼ》り込《こ》んでいくようになるんだ。

どんな人が教養学部にいるのかというと、好奇心《こうきしん》がいっぱいの人、何ごとにも積極的でバイタリティーのある人。社会に対して問題意識をもっていたり、ボランティア精神にあふれている人。さらには実際、物事が起こっている現場に行き、自分の目でそれがどういうことか確かめてみたい、という行動力のある人。また、最初からあきらめず、とにかく

失敗してもいいからチャレンジする、その結果、失敗したら「なぜ失敗したのか、どうしたらうまくできたのか」と考える人が多い。

教養学部での学びは、導き出される答えはひとつではなく、それが真実かどうかを自分で調べ、確かめて判断する力も問われる。なんでもひとまず受け入れてみよう、という柔軟性《じゅうなんせい》のある人や、物事に対して常に「どうして」と考えることのできる人、それを追究する心のある人は教養学部に向いている。

教養学部は、学年が進むと専門分野の講座を英語で受けたり、なかには授業のほぼ全部を英語で進めたりする大学もある。1年生のうちに基礎《きそ》となる分野の講義を受けつつ、英語で開講される専門分野の授業を理解できる実力をつけたり、海外留学に行けるレベルの英語を習得したりすることになるので、勉強はかなり忙《いそが》しい。

学生たちは総じて真面目《まじめ》で、こつこつと学習に取り組む。また、この学部には海外からの留学生を、積極的に受け入れている大学が多いので、外国人の学生もキャンパスにはたくさんいる。学内では日本人の学生と外国人の学生たちが英語で会話していたりして、インターナショナルな雰囲気《ふんいき》の大学も結構あるんだ。英語を重視するので、帰国子女が多いのかな、と思う人もいるかもしれないけど、ほかの学部と同様、日本で生まれて日本で育った学生がほとんどだよ。

英語や外国語に興味のある人が多い

教養学部では英語の習得も重要な課題のひとつだ。学生に話を聞くと、中学生のころから英語の勉強が好きだったり、外国語に興味があったりしたという人が多い。中学の英語の先生の授業が楽しかったとか、外国の映画が好きだったとか、親に海外旅行に連れていってもらったときに外国語に興味をもったとかね。

じゃあなぜ、語学を学ぶ外国語学部や文学部に行かなかったの？　と思うかもしれないね。教養学部の学生たちは、英語や外国語の習得が目的ではなくて、英語も勉強したいけれどもっとほかの科目、たとえば国際的な事柄《ことがら》の勉強もしたい、歴史や経済も学んでみたいなどと考える人がほとんど。この学部の特徴《とくちょう》のひとつに多角的に学ぶということがあるけれど、まさに英語は、その世界を開くためのカギの役割を果たすんだ。たとえば文献《ぶんけん》も、日本人の目線で書いたものと、外国人の目線で書いたものとでは、同じ事柄《ことがら》でもとらえ方や理解が異なってくる。英語や他国の言語で文献《ぶんけん》が読めれば、ひとつの事柄《ことがら》を取り巻く、いろいろな国の人の考え方やとらえ方を知ることができ、より深い考察ができるようになる。英語を自分の学問を深めるためのツール（道具）のひとつにしたいと、学生たちはがんばって習得にはげんでいるよ。

海外志向・国際的なことに関心のある人

「海外に留学したいから教養学部を選んだ」「将来は外国と関係のある仕事に就いてみたい」など、入学する前から海外志向だった、という学生も多い。英語や外国語に関心があり、海外で勉強して語学力をブラッシュアップしたいとか、興味のある国に行って現地に溶《と》け込《こ》んだ生活をしてみたい。メディアを通さずに、本当のその国の姿を滞在《たいざい》して見てみたいなど、海外を志向している理由は人さまざまだ。

入学時に漠然《ばくぜん》と、国際的な仕事をしたいと考えていた人たちは、在学中の留学や学部内で外国人留学生と交流するうちに、具体的な目標を見つけ出す。たとえば、グローバルな環境《かんきょう》の企業《きぎょう》に就職したいとか、世界の人びとを相手にする仕事に就きたい、あるいは発展途《と》上《じょう》国に行って、国が発展する手伝いをしたいなど。

日本国内だけでなく、世界に目が向いている学生がいるのも、この学部の特徴《とくちょう》のひとつといえるよ。

探究心や好《こう》奇《き》心《しん》が強く問題意識をもっている人が多いよ

Q3 学んだことを社会でどう活かせますか？

すぐには役に立たないけど一生役に立つ学問

実学と呼ばれる農学、工学、商学、法学、医学などの学問と教養学部の学びは、少し異なっている。たとえば、農学部では農業を向上させる技術、工学部では物作りをするための知識や物の仕組み・技術、医学部は医師としての知識や技術など、社会に出たらすぐに役立つ実用的な授業がそろっている。それに対して教養学はというと、実用性や技術を習得する、といったことにあまり重点を置いていないんだ。

だったら勉強する必要ないじゃない、と思った人もいるかもしれないね。そういう人には、日本のある有名な学者が言った「すぐに役に立つものは、すぐに役に立たなくなる」という名言を紹介《しょうかい》しよう。どこかで聞いたことはあるかな？　教養学は確かに、今すぐには役に立たないかもしれない。だけど教養学部での学びを通して、物事を立体的に見る力、常に疑問をもちながら考える力が育まれていく。また、こうした力は社会に出てから

も役に立つ。問題が起こったときの対応や、柔軟《じゅうなん》な応用で解決策を導くなど人が生きる上で必要な力となることができるんだ。つまり一生、役に立つ学びといえるんだよ。社会人として、職業人としても経験を積む過程で、教養学部で学んだことがさまざまなシーンで生きてくるようになる。

プレゼンテーションの力

さて、教養学部の勉強はすぐに役立つ学びではない。とはいうものの授業を通して培《つちか》った個人やグループで行う、プレゼンテーションのスキルは身につくのではないかな。子どものころから、人前で意見を発表する練習をしている欧米人《おうべいじん》に比べると、一般的《いっぱんてき》に日本人はプレゼンテーションがいまひとつ下手だといわれている。

大学でプレゼンテーションの基礎《きそ》をマスターしておけば、社会人になっても応用することができるよ。テーマの理解、誰《だれ》に向けて発信するのか、決められた時間内に内容を整理し、論理的にまとめて発表する。大切なことは、相手に自分の言いたいことをわかってもらうこと。それは会社でのプレゼンテーションにも共通する。業務にもよるけれど、営業などのポジションでは、比較的《ひかくてき》プレゼンテーションを行う機会が多いんだ。もちろん、会社では企画《きかく》や提案を理解してもらうのと同時に、相手に自分の企画《きかく》を選んでもらうとか、提案に従って行動を起こしてもらうことが目的となるから、さらにひと工夫が必要となるのだけれど。

大学で勉強したプレゼンテーションの考え方や組み立て方、物おじすることなく人前で発表するという経験は、社会人になっても活かすことができるよ。

道具として英語を使いこなす

英語をツール（道具）として考える教養学部では、英語で行われる講座を理解する力や、英語を使いこなす力をつけさせるための集中的な英語の授業がある。少人数のクラスで行われるので、先生にあてられることも頻繁《ひんぱん》。クラスの人の意見を聞いて、それに対する自分の意見も言わなくてはならないから、けっこうハードな授業だ。また、英語のクラスでは、「読む」「書く」「聞く」「話す」という技術を叩《たた》き込《こ》まれるから、集中クラスを経て4年生まで真面目《まじめ》にやれば、日本人の平均以上の実力はつくよ。

多くの企業《きぎょう》がグローバル化を推《お》し進めているので、会社や官公庁などに入っても英語ができる人は歓迎《かんげい》される。特に海外の相手と対等に話せる実力があれば、職業の選択《せんたく》の幅《はば》も広がる。国内の企業《きぎょう》で海外との橋渡《はしわた》し業務や、海外への出張や赴任《ふにん》をするチャンスもつかみやすい。英語の実力があるということは、就職するときも有利に働くよ。

理路整然とバランスよく考える

クリティカルシンキングという言葉を聞いたことはあるかな。クリティカルシンキングは、与《あた》えられた課題に対して「ほんとうに正しいのか」「なぜ」という問いかけを行い、深く考えて答えを出していくという思考法で、教養学部の授業では重視されている。こうした方法で物事をいろいろな角度から見たり、全体像を把握《はあく》したりして考える論理的な思考力や分析《ぶんせき》力が養われていくんだ。

最近では、クリティカルシンキングをビジネスに取り入れている会社もたくさんある。今は流行のサイクルも短くて、会社では常に新しいものを取り入れたり、生み出したりしていく必要がある。従来の常識や前例では、変化に対応することが難しくなっているんだ。だから、多様な観点から本質は何かを分析《ぶんせき》して、「今」に合ったビジネスを展開する必要がある。大学で身につけたクリティカルシンキングは、そうしたビジネスの現場でも役立つ学びのひとつだよ。

プレゼンやクリティカルシンキングのスキルは将来役立つ

2章

教養学部では
どんなことを学びますか？

Q4 教養学部では主にどんな専攻がありますか？

系統区分はあいまいなことも

教養学部は、学びのフィールドが広いことが特徴《とくちょう》であり魅力《みりょく》でもあるんだ。たまたま選んだ科目がのちの専攻《せんこう》分野になったり、苦手意識があった科目の勉強が思いのほか楽しかったりと、新たな学びに出合えるチャンスもあるよ。理系・文系にかかわらず、専攻《せんこう》科目に対して複数の科目の視点から研究を進めていくのも、この学部ならでは。また、教養学部での理系の専攻《せんこう》も、他大学の理工学部に劣《おと》らないレベルを保持しているよ。学生たちは「リベラルアーツ」の理念のもとで、多彩《たさい》な科目を選び豊かな教養を深めていくんだ。

履修《りしゅう》できる分野は、人文科学系・社会科学系・自然科学系の三つの系統に分類されることは、前にも書いたよね。実際に、系統内の科目の分類に関しては、各大学によっても多少違《ちが》いはあるようだ。同じ科目名なのに「A大学では人文科学系だったよ」とか、「B大学は社会科学系に分類されていたよ」なんてこともある。大学により科目の授業内容が

多少異なったり、複数の系統にわたる学問をひとつの科目として扱《あつか》ったり、その大学ならではの特徴《とくちょう》をもたせた科目も増えてきていることから、どの系統に分類するかは大学しだいということもある。科目自体の呼称《こしょう》もほんとうにさまざまだ。

具体的な科目は何があるのか

人文科学系・社会科学系・自然科学系といわれても、具体的にはよくわからないよね。各系統の特徴《とくちょう》と、その中にどんな科目があるのか説明しよう。また、先にも書いたように、たとえば歴史が社会科学に分類されていたり、ほかの大学では人文科学に入っていたりするなど、分類は教育機関の解釈《かいしゃく》や実際の授業で行う内容によって若干異なる場合があることも、知っておいてね。

人文科学系は、「人間が存在する意味」「どうあるべきか」など、人間にかかわることを追究する学びなんだ。科目は文学、史学、哲学《てつがく》など社会科学と自然科学に属していないものになる。この科目を見ると、どれも人間の精神活動に関係したり、人類がつくり出した文化について、研究したりする学問だということがわかるよね。

社会科学系はというと、社会の中の人間行動を科学的な手法を使って、系統立てて学ぶ学問。人間の行動や体験を、さまざまなデータから分析《ぶんせき》していく点が人文科学とは異なっているところだ。社会科学系の代表的な科目には、法学、政治学、経済、経営学、社会学、メディア・コミュニケーション学などが含《ふく》まれている。

自然科学系は、自然に関する現象を対象に、そこで発見された法則を研究する学問になる。この系統の代表的な科目は、物理学や数学、生物学、情報科学、天文学、環境《かんきょう》学など理系の科目だよ。

教養学部のなかには、基礎的《きそてき》な教養科目での自然科学の授業はあるけれど、専《せん》攻《こう》分野としては人文科学系・社会科学系のみで、自然科学系は設定していない大学もある。だから、教養学部での学びとして自然科学を専攻《せんこう》したい、と考える人は受験のときに有無を調べてみてね。

教養学部で学ぶ範囲とは?

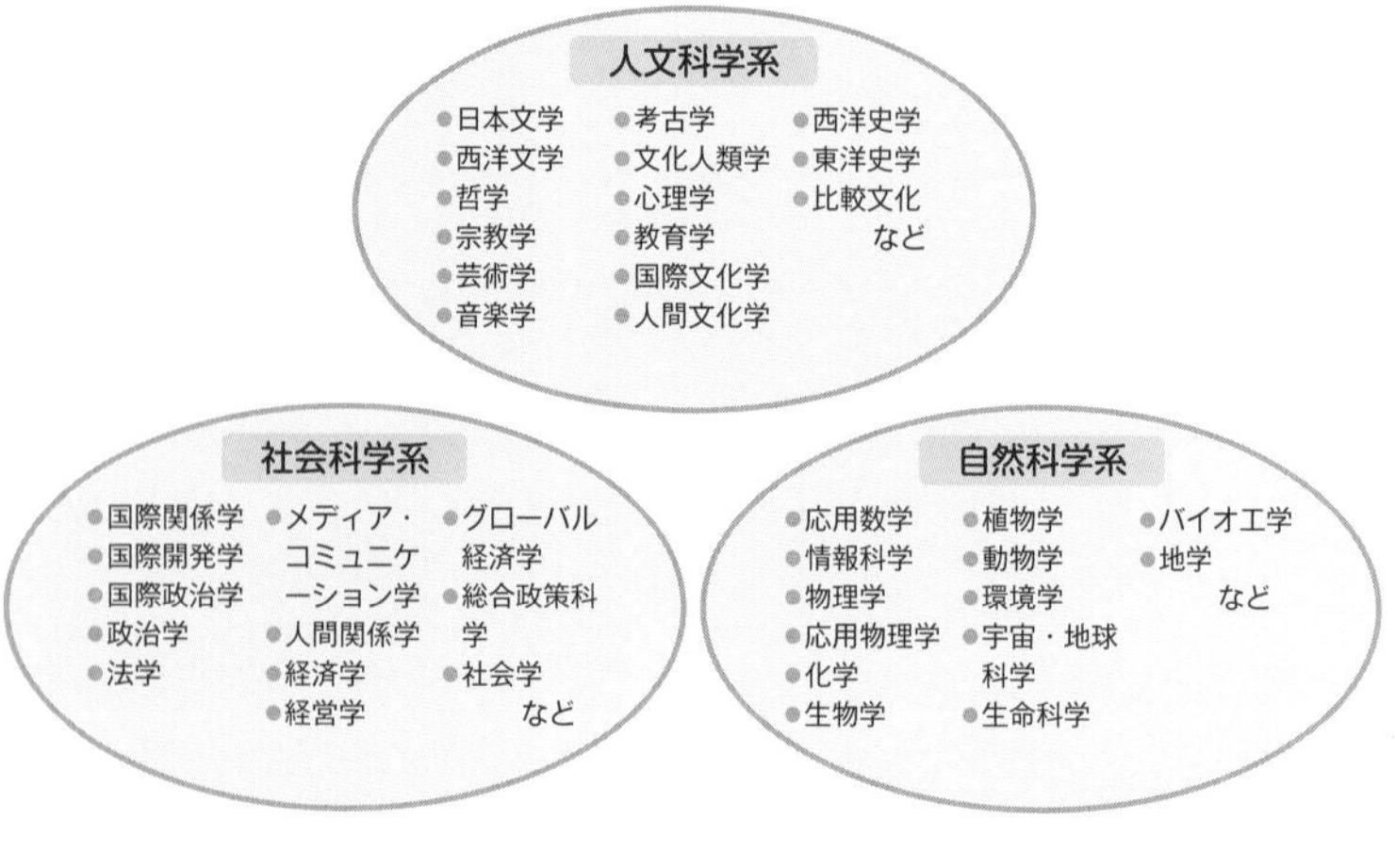

特定の学科という概念《がいねん》は薄《うす》い

法学部には法律学科や政治学科、文学部には英文科や国文科など、他学部ではその学科の名前から勉強する内容が推《お》し量れる場合が多いよね。教養学部の学科については、たいていは教養学科、国際教養学科、グローバル教養学科など、学部名がそのまま学科名となっている大学が多く、そこから内容を推《お》し量るのは難しい。

教養学部は、基礎《きそ》教養として人文科学系・社会科学系・自然科学系の系統を横断した科目を学び、専門課程でも複数の学問分野を勉強し思考する学問だから、○○学科というカテゴリー分けをするのが難しいんだ。広く入り口が開かれている学問のなかから、最終的に自分自身が専攻《せんこう》する学問（学科）を選ぶことになる。だから、最初から何を勉強するかが決まっている学科ではなく、学問の領域で表す呼び方をしている大学も少なくないんだ。ここ数年、教養学系の学部はほんとうに増えて来ていて、専攻《せんこう》領域も大学によりさまざま。つぎのページからは代表的な各領域の科目と、内容を説明するね。

Q5 国際関係・国際開発系の専攻課程では何を学びますか？

国際化時代の問題を分析《ぶんせき》する学問

国際関係学は比較的《ひかくてき》新しい学問。今地球上には紛争《ふんそう》や武力衝突《しょうとつ》、難民、貧困、環境《かんきょう》問題、貿易問題と、さまざまな問題が現れてきているよね。現在、世界の国々はモノや人もおたがいに関係をもちながら共存しているから、こうした問題は「他国のことだから……」とはいえないいんだ。しかも世界で起こっている問題は、複合的な要因から発生しているので、従来の学問だけでは、理解することや解決策を導き出すことが難しくなっている。

それぞれの国の状況《じょうきょう》や、関係性を深く理解するためには、国際関係史を含《ふく》む歴史や、政治学、社会学、経済学、国際法、環境《かんきょう》学、宗教学、外交などの幅広《はばひろ》い分野からの多角的なアプローチが重要となる。国際関係学は、争いのない平和な国際社会の実現のために、必要なことは何か学際的（複数の学問分野にわたること）に分析《ぶんせき》し、国を超《こ》えてどのように対処したらよいのかを考える学問といえるんだ。また、研究対象として国だけでなく、

国際社会に平和と安定をもたらす方法を模索《もさく》する

国際連合などの国際機構、ＮＧＯ（非政府組織で国際協力にたずさわる民間団体）や多国《たこく》籍企業《せききぎょう》などの活動も含《ふく》めている大学もあるよ。

国際開発論では、発展途上《とじょう》国での開発の意義と目的、開発にともなう課題・問題などが、幅広《はばひろ》く総合的に取り上げられているんだ。 具体的に発展途上《とじょう》国に対して、どのように経済発展を進めたり、国際社会がどんな援助《えんじょ》政策を進めたりすればいいか、などを研究する。

授業では、先進国と発展途上《とじょう》国の格差や、発展途上《とじょう》国がかかえる貧困、飢餓《きが》、教育、環境破壊《かんきょうはかい》などの原因と諸問題を探っていく。特に発展途上《とじょう》国での最大の問題は貧困。ひと口で貧困といっても、国ごとにその原因や貧しさの度合いは違《ちが》うんだ。歴史的に植民地支配を受けていたとか、地域性や政治的影響《えいきょう》など複数の原因が考えられる。これらの国や地域の分析《ぶんせき》を通して、日本を含《ふく》めた国際社会は貧困の緩和《かんわ》策や、発展途上《とじょう》国の開発に対してどのような役割をもつべきか、どのように貢献《こうけん》できるかなどを追究していく。国際開発は、開発された地域のさまざまな分野に影響《えいきょう》を与《あた》えるため、発展途上《とじょう》国の経済、社会、文化、教育、政治などを横断的に学び、俯瞰的《ふかんてき》に見なければならない総合的な学問なんだよ。

Q6 社会学・メディア・コミュニケーションの専攻課程では何を学びますか？

現代社会の特性を追究する学問

社会は複数の人びとが集まって構成されていて、その中ではいろいろな社会現象や課題が生じている。社会学は人間を取り巻く諸問題が、なぜ起きているのかを理論的に解明してよりよい社会をつくるためには、どうするべきかを考える学問なんだ。専攻《せんこう》する学生たちは、まず社会学に関する基礎《きそ》的《てき》な知識や理論、調査方法を勉強して、その後に自分たちが関心をもつ分野を研究することになるよ。

社会学では社会で起こっている、すべての事象が学びの対象になるんだ。具体的にはコミュニティー、メディア、グローバリズム、ナショナリズムや、政治社会学、環境《かんきょう》社会学、開発社会学、社会人類学、社会福祉《ふくし》学、社会心理学、社会政策学など。少し例をあげただけでも、研究の対象の多様性がわかると思う。また、ほかの専門分野の科目で見つけたテーマで、社会学的に考察をすることも可能。だから学びの範囲《はんい》はすごく広いんだ。授業で

社会で起こる事柄《ことがら》の裏に潜《ひそ》む事実を論理的に解明していく

は、実際にフィールドワーク（課題のために学外で行う調査）でテーマに即した場所を訪ねることもある。習得した社会調査の方法を活かして調査を行い、研究を深めたりもするよ。

メディア・コミュニケーションは社会学と共通する部分も多いけど、メディアという媒《ばい》体《たい》に分野を絞《しぼ》っているので若干専門性は高くなる。既存の新聞、テレビ、雑誌、映画といったメディア以外にも、今はインターネットやSNS（ソーシャル・ネットワーキング・サービス）というメディアの利用も日常生活であたりまえになっているよね。**多様化したメディアの特性や役割を理解し、情報の分析《ぶんせき》、人びとの価値観を考察して、その背後にある問題点を解明する学問が、メディア・コミュニケーションになるんだ。**人と社会とメディアの関連性を、批判的な視点も含《ふく》めて研究する学問なんだよ。たとえば、研究対象としてあるメディアをテーマにした場合、その内容を分析《ぶんせき》することから始めながら、背後にある政治、経済や国際問題など、国家や社会全体を総合的に考察していくんだ。

また言語はどこの国でも、人間同士のコミュニケーションのツール。言語学や社会言語学を、メディア・コミュニケーションの専攻《せんこう》のひとつとして設定している大学もあるよ。

Q7 経済・経営系の専攻課程では何を学びますか？

経済を通して人がよりよく暮《く》らせる社会の実現を図る

日本や海外の国々を問わず、現在の経済状況《じょうきょう》は変化の速度が増している。経済学では、現在の社会全体の経済活動の理論・仕組みや、その仕組みが実際どのようになっているのか学んでいくよ。経済学の主流となるマクロ経済学・ミクロ経済学や、そこから派生するさまざまな学問にアプローチしたり、国際貿易論、国際金融《きんゆう》学や行動経済学、環境《かんきょう》経済学などを勉強したりしながら、今ある問題は何かと考えていくんだ。

経済学というと、お金とモノの流通だけかなって考えるかもしれないけれど、実は多様な社会問題もかかわっているんだよ。教養学部の経済専攻《せんこう》では、人口、教育、少子高齢化《こうれいか》、労働問題、公共政策、社会保障など数々の事象も、経済学の観点から分析《ぶんせき》する対象となる。こうした社会問題点を探し出し、経済学上の解決策を模索《もさく》していくんだ。経済学では机上で、理論的な学びをすることも大切。でも、生きている経済社会の動きを観察、理解する

積み重ねを行うことで、諸問題に対応できる能力を養うことも重視しているんだ。経済専《せん》攻《こう》の履修《りしゅう》科目は選択肢《せんたくし》が広いから、卒業後に就きたい進路に合わせて科目を選ぶといいかもしれないよ。

経済学は、社会の経済活動の仕組みを学ぶけれど、経営学は企業《きぎょう》の経営管理の仕組みを研究する学問なんだ。経営学では経営者が企業《きぎょう》経営をする場合に必要なことを学ぶ。たとえば経営者は最初に経営目標を設定するよね。計画を立てて目標を達成するためには市場にどんなニーズがあるか、どうやって人材を動かすかなどを考える。**経営学では企業《きぎょう》の活動や組織経営にかかわる理論、人材管理・企業環境《きぎょうかんきょう》のマネジメント、会計学やファイナンス理論、マーケティングや財務などを研究することになるよ。**また、大学のなかにはビジネススクールと連携《れんけい》して、より専門性の高い勉強ができるようにしているところもあるんだ。経営学の専攻《せんこう》では、実証的な研究の積み重ねを通じて分析《ぶんせき》し、今の企業《きぎょう》経営に関する問題への対処ができる能力を養う。そして、人びとがよりよく暮《く》らせる社会にするための、実践《じっせん》への道を探ることを目的にしているよ。

経済・経営学の観点から社会問題の研究も

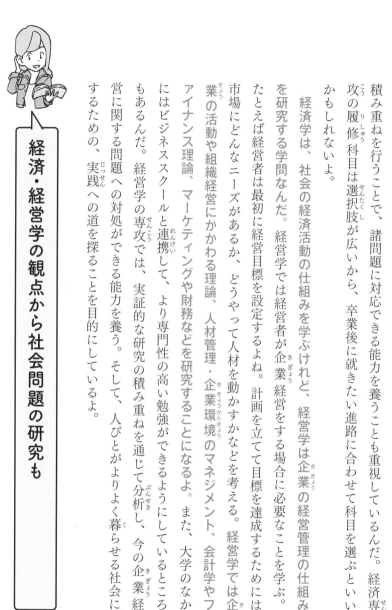

Q8 政治・法学系の専攻課程では何を学びますか？

政治・法学のアプローチから国際関係や日本を考察

政治学とは、人が住みやすい社会をつくるにはどうすればいいかを考える学問だ。政治の動きや仕組み、公的組織や社会制度などを考察しながら、現状の問題を分析《ぶんせき》し解決のためにどんな仕組みをつくればいいかなどを考えるんだ。全体像を把握《はあく》するために「政治とは何か」という概論《がいろん》からスタートする。

政治学の専攻《せんこう》領域は、大きくつぎのように分けられるよ。政治的な視点で近代以降の国内外の歴史を考える政治史。政治とは何かという問題を日本や世界各国で探っていく、政治思想や政治理論。国内・海外の公共問題や公共政策を研究する公共政策。国や自治体の行政を取り巻く問題などを分析《ぶんせき》する行政学。現代政治の諸問題に関して考察・分析《ぶんせき》し、政治のあるべき方向を探る政治過程論。各国の政治や外交に関する問題を、歴史も考慮《こうりょ》しつつ体制を比較《ひかく》する比較《ひかく》政治。各国の政治を歴史・文化・社会背景を参考にして解明する地

世界規模で政治や法律のことを考える

域研究。現在の問題点を地球規模で考えながら、国家や国際機関、NGOなどの果たす役割などや外交史を考察する国際政治学などがあるんだ。各領域とも、背景にある歴史、社会問題などさまざまな分野も考慮《こうりょ》し、批判的な思考も取り入れ、問題を広い視点で分析《ぶんせき》していく。政治学は、国際平和や国際援助《えんじょ》など、世界の安定や発展にかかわる学問でもあるんだよ。

人は日常生活で意識することはなくても、法律とかかわっている。社会の秩序《ちつじょ》を守るために法律は存在しているんだ。**法学は基本となる憲法、民法、刑法、商法、民事訴訟《そしょう》法、刑事訴訟《そしょう》法の六法以外にも、労働法や国際法など多数の種類があるんだ。**法学専攻《せんこう》では、そうした各法律の意味や法の理念、法をどのように適用させるかなども学んでいく。授業では、憲法や民法、国際法に関連するさまざまな法律の判例や学説なども勉強しながら、履修《りしゅう》していく。その上で、法学の観点から見えてくる環境《かんきょう》問題や地域紛争《ふんそう》、人権、難民、失業問題などの地球規模から日本・地域に至るまでの幅広《はばひろ》い課題に関し、学際的に研究し解決策を考察していくんだ。

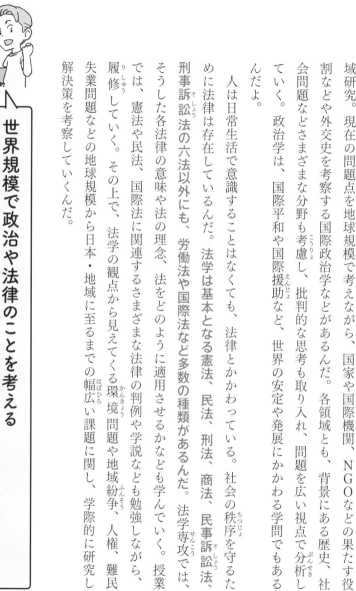

Q9 歴史・哲学・文学系の専攻課程では何を学びますか？

過去から現代までが繋《つな》がる学び

歴史学は、ある時代の社会全体やできごとを研究対象とし、多角的な見地からその本質はなんであるかを追究する学問だよ。過去から現在に至るまでの歴史を洞察《どうさつ》するためには、その時代の状況《じょうきょう》や政治、経済、文化、環境《かんきょう》、文学、思想など、さまざまな角度や分野からの分析《ぶんせき》が必要となるんだ。こうした学問系統を横断的に学ぶことで、時代の全体像が立体化して見えるようになる。歴史学でも、歴史上のできごとや当時の社会状況《じょうきょう》に関して「なぜ？」という問いかけが重要だよ。史料や過去の研究を理解しながら、「なぜ？」の答えを見つけることで、論理的・多面的思考を身につけることができる。また、歴史を学ぶことは、現代社会を理解することにもなるんだ。現代社会が直面する諸問題の源を追究することにもなり、新たな視点から問題の把握《はあく》もできるようになる。

哲学《てつがく》は紀元前にギリシャで生まれ、人間についての根本的な疑問に向かい合う学問。

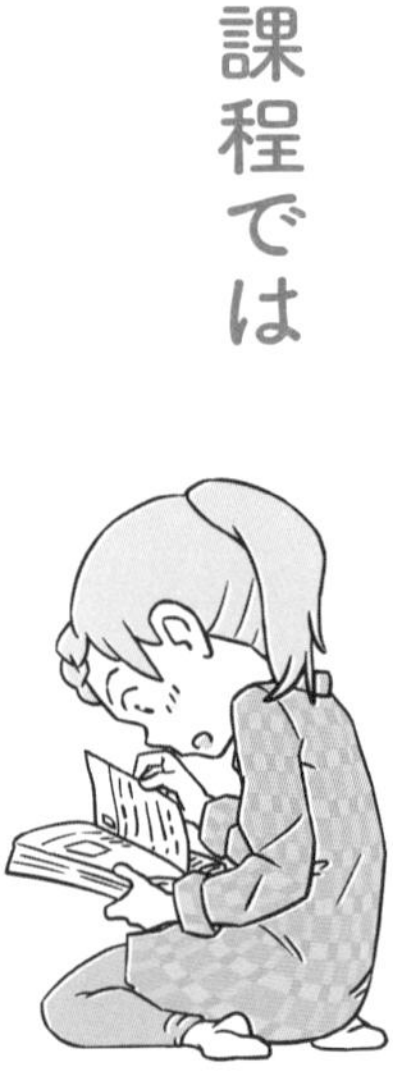

現在を知るために過去を知る

「なぜ人は死ぬのか」「なぜ人を愛するか」など、答えを出すことが容易ではないテーマを探究していく。テーマは存在、空間、時間、観念、本質のほか、「真、善、美」といった人間の普遍的《ふへんてき》な価値観で、リベラルアーツの根幹にかかわっているものもある。学生はテーマを徹底的《てっていてき》に考え抜《ぬ》くことで、「自己を知る」という課題を学び、論理的思考力を養っていく。また、哲学《てつがく》は宗教的な思想ともかかわっているため、キリスト教やイスラム教、仏教などの勉強もあるよ。哲学《てつがく》の原書を読み解くこともあるので、ヘブライ語、ギリシャ語、ラテン語、英語、ドイツ語、フランス語など外国語の素養も必要とされる。

文学系は、英米文学、フランス文学、ドイツ文学、日本文学などの作品の研究や、原書で各国の古典から現代に至るまでの文学史を学ぶ。さらに、文学作品を通じて、歴史、文化、思想や社会現象を考察するなど幅広《はばひろ》い学問が選択《せんたく》できるよ。文学の研究対象は、映画、演劇、評論などにも及《およ》ぶんだ。教養学部の文学の学びでは、批判的に作品を読むことにも重点が置かれる。こうした読み方で論理的に作品を考える一方で、感覚的にしかとらえられない表現をどのように理解すべきか、ということも探究するよ。

Q10

心理学・文化学の専攻課程では何を学びますか？

心理学の視点から現代社会を分析《ぶんせき》

心理学は「心」を科学的に分析《ぶんせき》し、人間の本質や人間の行動原理を研究する。心理学は基礎《きそ》心理学と、応用心理学に分かれるんだ。基礎《きそ》心理学とは、普遍的《ふへんてき》な人の心の仕組みを見つけ出す学問。脳がある対象を見て考えたり、記憶《きおく》したりすることを研究する「認知心理学」、集団の中での心理状態・行動様式やその法則性を研究する「社会心理学」、脳と心の関係を研究する「生理心理学」、ほかにも「人格」「学習」「知覚」「発達」などの基礎《きそ》心理学があるんだ。

応用心理学は、基礎《きそ》心理学を基にして、実際に人に対して活用されている心理学のこと。たとえば、心の問題に対処する「臨床《りんしょう》心理学」、子どもの学校や教室での問題に取り組む「教育心理学」などのほか、「産業心理学」「犯罪心理学」「スポーツ心理学」など、さまざまな分野で応用心理学に関する研究は行われている。さらに、こうした学問を通して、現

代社会の問題に結びつけることも、教養学部の課題のひとつだ。心理学を中心に、社会学や情報科学、哲学《てつがく》などさまざまな科目を横断的に学ぶことも特徴《とくちょう》だ。

広い領域にわたる文化学

文化学は、日本や海外の国、地域などがもつ固有の文化について研究する。文化は言語、思想、文学、芸術、宗教など、さまざまな活動がかかわり合って、長い時間をかけ生み出されてきた。だから文化学は、幅広《はばひろ》い学問領域にわたっているんだ。さまざまな学問分野から、事象を見て分析《ぶんせき》したり、ときには国と国を比較《ひかく》したりしながら、総合的な考察を深めていくんだ。

また、特定の国や地域を研究する場合、その国の言葉で書かれた文献《ぶんけん》などを読むこともあり、日本以外の国から見た評価や分析《ぶんせき》も参考にして問題や課題などを見つけ解決策を模《も》索《さく》する。文化学を学ぶことは、その国や地域に向き合い、異文化の相互《そうご》理解を深めることでもあるんだ。国際化は今後さらに進むので、こうした学問はますます注目を浴びそうだ。

社会や地域の問題や課題をあぶりだしていく

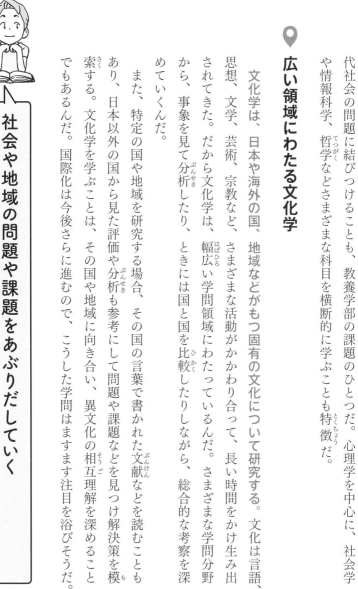

Q11 数学や情報科学の専攻課程では何を学びますか？

大学の数学は原理と真理の研究

大学の数学は、哲学《てつがく》的思考も含《ふく》む深い学問なんだ。高校では数学の公式や定理を使って計算し、答えを出しているよね。大学ではその公式や定理そのものの意味、その背後にある原理や真理を研究することを、学問としているんだ。大学での数学は純粋《じゅんすい》数学と応用数学に大きく分かれる。純粋《じゅんすい》数学では、代数学、幾何《きか》学、解析《かいせき》学といった抽象的《ちゅうしょうてき》な概《がい》念《ねん》を理論的に追究していく。

一方、応用数学は純粋《じゅんすい》数学の基礎《きそ》や数学を、社会科学や自然科学、工学に応用する学問。またゲーム理論など社会で注目を浴びている高度な数学理論や、アルゴリズム（コンピュータで計算を行うときの計算方法）の開発、暗号や符号《ふごう》理論、コンピュータの数理など、実社会で役立つ数学なんだ。こうした数学の基本を学ぶとともに、分析《ぶんせき》的、論理的な思考や、数学的知識を他分野にも応用できる能力を養っていくんだ。

現在の最《さい》先《せん》端《たん》を走る理系分野

コンピュータを使った情報処理と解析《かいせき》

コンピュータが出現し、情報処理を行うようになってから、社会はあらゆる面で大きな変革を迎《むか》えた。情報科学は新しい分野の学問で、情報とはどのようなものかという理論を学び、その上でコンピュータを使った情報処理やデータ解析《かいせき》の方法から、プログラミングや開発までを体系的に勉強していくんだ。勉強を進める上では、純粋《じゅんすい》数学や応用数学といった数学も必要になってくる。ほかにも、情報倫理《りんり》学、基本的なアルゴリズム、人工知能（AI）などの知識を深めていくよ。こうして学んだ情報システムを、メディア処理、生命・医療《いりょう》情報処理など、さまざまな分野に応用できるようにすることが、学問の目標でもあるんだ。また、コンピュータ分野だけでなく、社会学や心理学など人間の知的活動にもかかわるので、人文科学・社会科学の分野も履修《りしゅう》するのが、教養学部で学ぶ情報科学の特徴《とくちょう》のひとつだと思う。この分野の技術発展は著しく、また情報の扱《あつか》い方も刻々と変化しているので、情報科学は今後さらに重要な学問になっていきそうだよ。

Q12 物理学・生物学系の専攻課程では何を学びますか？

幅《はば》広《ひろ》い自然界の現象を解明する物理

物理学は、自然と向き合い、自然界に起きている「なぜ？」と疑問に思う現象をあきらかにする学問。自然科学の分野では、もっとも基礎的《きそてき》といわれている学問でもあるんだ。研究対象はマクロな宇宙、地球や生物から分子、原子から成り立つ物質、ミクロな素粒子《そりゅうし》までと幅《はば》広《ひろ》い。物理学では、豊富な観測データや理論から自然現象を追究していく。物理学の知識以外にも、論理的な思考力や幅《はば》広《ひろ》い観点から研究対象を見ることができる、柔軟《じゅうなん》な発想力が大切になってくるんだ。

大学では物理学の入門科目を勉強した後、電磁気学、量子力学、統計力学、流体力学、熱力学、量子統計力学などの現代物理学の中心となる科目を演習や実験で学ぶことになる。こうして学問の基盤《きばん》をつくってから、宇宙物理学、素粒子《そりゅうし》物理学、生物物理学、物性物理学など自分のテーマを決め、専攻《せんこう》課程へと進んでいくんだ。演習では実験や観察、データ分析《ぶんせき》により仮説を立てて研究を進めるけれど、宇宙や素粒子《そりゅうし》などは実験ができないため、理論や数理モデルを用いたシミュレーションによって分析《ぶんせき》を行うんだよ。

生物学には動植物や微生物《びせいぶつ》のほか分子レベルの研究も

生物学は、地球上にいるあらゆる生物を研究する学問だ。生物とは細菌《さいきん》、微生物《びせいぶつ》、鳥類、魚類、動物、昆虫《こんちゅう》などのこと。いろいろな生物たちの生命のメカニズム、生物の構造・成長・生態・行動などを研究対象にしているんだ。こうした生物の多様性を研究対象にする分野は、動植物の分類や形態、成長、生理を探究する動物学・植物学と、細菌《さいきん》や微生物《びせいぶつ》を研究する微生物《びせいぶつ》学があるんだ。また、もうひとつの生物学の領域として遺伝子、細胞《さいぼう》、分子を対象に研究する分野もあり、こちらでは細胞《さいぼう》生物学・分子生物学・発生生物学・遺伝生物学などの学問が追究される。生物学というと、今までは生物の多様性の分野が注目されていたが、最近では生物の遺伝子、細胞《さいぼう》機能や分子の生命現象がミクロなレベルで解明されていることもあり、この分野の研究が盛《さか》んになっているよ。

科目の入門を学んだ後、細分化された専攻《せんこう》へ進む

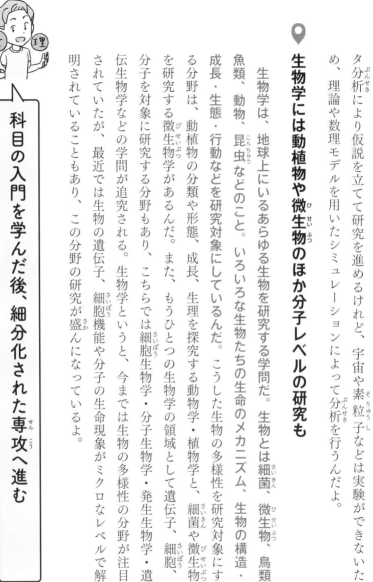

Q13 教養学部と結びつきやすい学問分野はなんですか？

あらゆる学問分野に関連する

教養学部は、理系・文系を問わずあらゆる分野を網羅《もうら》している学問、というのは何度もいってきたよね。特定分野には偏《かたよ》らず、学際性と呼ばれるいくつもの分野にまたがる学びを実践《じっせん》している。だから「どの学問のジャンルと結びつきやすい」かと問われれば、「全部のジャンル」と答えることになるよ。

教養学部では、どんな事象でも学問として採用できることも特徴《とくちょう》。そのジャンルはとても多彩《たさい》なんだ。社会問題はもちろん、今起こっているリアルタイムのニュースや自分の身近な問題でさえ、研究の対象になりうる。そしてそれらを研究するためには、さまざまな学問の分野から考察することになる。

たとえばテレビのニュースで見た、ある地方の成人式。画面にはものすごく派手な衣《い》装《しょう》を着て、ヘアもメークもばっちり決めて、かなり盛《も》り上がっている新成人たちの姿が

映っている。「どうして彼《かれ》らは成人式にこんなに派手な衣装《いしょう》にするの？」という疑問をもつと、そこから学問は始まるんだ。その土地の歴史や経済状況《じょうきょう》を含《ふく》めた地域性、彼《かれ》らの集団に対する帰属意識の傾向《けいこう》、心理的な要因などを探りながら、こうした現象を学術的に解明していくんだ。

もうひとつの例としては「フーリガン」。「フーリガン」って言葉は知っているかな。特にヨーロッパの国々に多く、発祥《はっしょう》の地はイギリス。サッカーのファンだけど、サッカー場の内外で暴力行為《こうい》や破壊行為《はかいこうい》をする人たちのことだ。「なぜそんなことをするの？」と疑問をもつよね。この問題も根底には、サッカーファンの労働者たちの置かれている社会的状況《じょうきょう》、労働環境《かんきょう》、経済状況《じょうきょう》や団結意識、階級社会の問題が内在しているんだ。国際試合でも暴れるフーリガンはいるけど、その場合は国同士の関係や宗教が関連することもある。このテーマも歴史学、経済学、社会学や宗教学などからアプローチして研究することができる。

教養学部では、取り上げるテーマしだいで学問の幅《はば》は無数に広がる。自由な発想でテーマを見つけて、自分ならではの研究を行うことも可能だよ。

多角的に課題を見るので、結びつく学問は無限にある

教養学は人間の生き方を諸学問を通して知る人間学

教員インタビュー 1

埼玉大学《さいたまだいがく》
教養学部　准《じゅん》教授
草野大希《くさのひろき》さん

国際政治学の授業を担当。自身の研究テーマは国際政治学のアメリカ外交が中心で、アメリカの軍事介入《かいにゅう》について歴史的・理論的研究をしている。わかりやすく熱意ある授業で、学生たちにも人気。

教養の定義とは何か

「教養学」という独立の学問はありません。あえて教養を定義すれば、人が社会とかかわる中で得ていく、体系的な知識や知恵《ちえ》、それにともない身につく価値観や素養といえます。教養の形は人によってさまざまであり、その形成過程は死ぬまで続くものです。

大学として教養学部を設けている意義は、社会に出る前の若いころに、人間や社会の基本的な特長や仕組みを古今東西にわたり考察することで、専門分野に進んだり、教養人として生きていくための土台をつくること。そこに独自性や魅力《みりょく》があるのだと考えます。

法学、政治学、経済学など、最初から専門性が明確な学問を学ぶのはもちろんいいことです。他方で、まだ自分の専門性がはっきりとわからない学生も多いと思います。高校生の段階で何を勉強したいか定まっていなかったり、複数の領域に関心があったりする人は教養学部を選ぶといいと思います。

埼玉大学の教養学部では1年生でいろいろな授業を取り、2年生で5専修・11専攻《せんこう》から自分に合った専修・専攻《せんこう》に進みます。自分の専門を決めるまで1年の猶予《ゆうよ》があるのです。

教養はグローバルな知識で構成

埼玉大学の教養学部では、学生に留学を推《すい》奨《しょう》しています。最近の留学派遣《はけん》数のランキングで、全国の国立大学で上位3位以内。毎年約50人の学生が留学に行き、その4割を占《し》めるのが教養学部の学生です。私のゼミでは半分の学生が海外留学経験者。特にグローバル・ガバナンス専修課程の学生は、留学する学生が多いですね。

教養は人類が培《つちか》ってきたさまざまな学問を取り込む、グローバルな知識で構成されています。だから日本のみではなく、外国でも学ぶ意義があるのは当然のこと。教養が考察する対象は国内外にあり、それを考察する学者も日本人だけではありません。そう考えると教養＝グローバルだと思いませんか？

埼玉大学教養学部の特長として、日本文化専修に外国の先生が多いということがあげられます。日本人以外から見た自国の文化を研究できる環境《かんきょう》はめずらしいでしょう。学内で海外からの留学生や外国人の先生たちとふれあえるグローバルなキャンパスなので、留学しない学生にもいい機会が与《あた》えられています。

留学経験者たちのなかには、帰国すると授業中に積極的に手を上げるなど見違《みちが》えるほど変化する学生もいます。欧米《おうべい》の学生と学び、議論する姿勢を身につけて戻《もど》ってくるので、留学を選択《せんたく》しなかった学生たちにも刺激《しげき》となり、いい影響《えいきょう》を与《あた》えています。

日本では過去に、おとなしいことは美徳という風潮がありました。でも今は日本もグローバルな社会の一員です。欧米《おうべい》人だけではなく、中国《ちゅうごく》人や韓国《かんこく》人も自己主張が強い。彼《かれ》らと同等に議論していく時代に、積極的な発信力をつけさせるのは、日本の大学の使命です。私自身も、国際政治を題材に、学生たちの自主性を引き出す授業を心がけています。

理系にも教養学は必要

近年、文系はいらないという議論や社会の風潮があります。AI（人工知能）やICT（情報通信技術）といった、自然科学系の分野に対して国も資金を多く投入しています。

だからといって、人間や人間のつくる社会はなくなりません。人間の感情・思い・文化を抜《ぬ》きにして、テクノロジーが成り立つことはあり得ないのです。テクノロジーが進むにつれ、人の仕事も奪《うば》われるといわれていますが、テクノロジーが進化するゆえに、人間や社会を問う教養の重要性は今以上に高まっていくのではないでしょうか。

これからは、ロボットも人間に近いものがつくられるようになり、人間とは何かという議論も出てくるでしょう。人間を知らずしてロボットもAIも発達しません。哲学《てつがく》や文学は一見、すぐには役に立ちそうもないかもしれません。しかし、人間社会を構築する上で重要な手がかりを与《あた》えてくれます。そういう意味でも教養学の存在は重要だと思います。

アップル社のスティーブ・ジョブズは「リベラルアーツとテクノロジーを結びつける」という有名な言葉を残しています。まさに、革新的な開発も教養がないとできず、テクノロジーだけでは何も生まれないのです。

不確定な時代だからこその学問

教養学部は法学部や経済学部などとは異なり、その学問的統一性は必ずしも定かではなく、医学部や看護学部のように職業に直結する知識を教えるわけでもありません。もちろん専門学部にも一般《いっぱん》教養の授業はあります。しかし教養学部での一般《いっぱん》教養は、さまざまな分野の専門家が一堂に会しており、広がりをもつ科目になっている点が重要な特長です。

もともと私たちの住む世界は複雑です。政治、経済、法律などは個別に存在するわけではなく、たがいに影響《えいきょう》を及《およ》ぼしながら存在します。多学問の繋《つな》がりを明確にでき、実感できるのが教養学部の枠組《わくぐ》みだと考えます。

アメリカでは理系の人もリベラルアーツを学びます。最初は教養を学んで、そこから専門分野に分かれていきます。最近の日本の動向として、学問は自然科学重視かつ職業に直結するか、という考え方があります。しかし今後は社会全体として、さまざまな知識や経験など教養を体得した若者が、世界に出ていく必要性があると思います。

今は先が見えない時代です。それは、マニュアル通りでは対処できない事態が生じるということです。そういう時代に、人類が蓄積《ちくせき》してきた学問体系や知識を広く深く吟味する、教養学部での学びが、新しい社会の構想を与《あた》えるのではないかと期待しています。

教員
インタビュー
2

リベラルアーツとは自己を解放すること

国《こく》際《さい》基督《キリスト》教《きょう》大《だい》学《がく》
教養学部アーツ・サイエンス学科　教授
毛《もう》利《り》勝《かつ》彦《ひこ》さん

専門は国際関係学、グローバル研究。気候変動、生物多様性などの地球環境《かんきょう》と持続可能な開発を、国際関係の観点からどのように理解し、解決できるかを研究している。

人が理想とする未来をつくるための学問

リベラルアーツは、表現する適切な日本語がなく「教養」と訳されています。

リベラルアーツとは何か。その説明によく使われるのが「教科書に書かれている事実を学ぶことが学問ではない。むしろ教科書に書かれていないことを、どのように学ぶかである」というアインシュタインの言葉です。

私がリベラルアーツの本質を突《つ》いていると思うのは、ミケランジェロの言葉です。「あなたにとって彫刻《ちょうこく》とは」と友人が尋《たず》ねたときに、「大理石の中に閉じ込められたエンジェルを解放するまで彫《ほ》ることだ」と答えたのです。彼《かれ》には彫《ほ》る前から大理石の中に、美しい「エンジェル」が見えていた。それを解放することが彼《かれ》にとってのアート（芸術）だったのです。

リベラルアーツの本来の意味は、がんじがらめになっている社会の抑圧《よくあつ》から、本来あるべき姿の自分を解き放ち、よりよい世界を導くものです。

リベラルアーツでは何を学ぶのか。究極には「真・善・美」という、人間の理想とする普遍的《ふへんてき》な真理です。それらを掘《ほ》り起こすためには、人文科学・社会科学・自然科学といった、あらゆる分野での学びが必要になってくるんですね。

リベラルアーツだからこそ学べる学問

私は学生たちに国際関係学を教えています。国際関係学科や国際関係学部を設けている大学はたくさんありますが、リベラルアーツの中で学ぶ国際関係学こそに意味があると考えているんです。

たとえば、雪が解けたら「水」になるのは自然科学的な答え。人文科学は雪が解けたら「春」になる。社会科学としての国際関係学の雪解けは「冷戦が終わって、平和になる」ことを意味します。リベラルアーツではこの三つの答えとも正解です。正しい答えは、ひとつではないことをわかった上で、国際関係学を学ぶことが非常に重要です。

同様に「平和」という言葉も、中国語では和平、英語はピース、ヘブライ語はシャロームなどさまざまです。平和のとらえ方もひとつではなく、世界各国・地域の文化や時代によって異なります。国際関係学の見地でこれらを語るには、人文科学や自然科学の知識も必要です。幅広《はばひろ》い学問の選択《せんたく》ができるリベラルアーツだからこそ、見えてくる国際関係の姿があるのです。

教養学部の特長は、学びの間口が広いことです。私自身も教養学部で学びましたが、大学時代、国際関係とは一見関係ないと思われる物理学や生物学も学びました。当時は、なぜこの科目を勉強しているのかと思ったものですが、国際関係を解き明かす上で、物理学の「パワー」概念や、生物学の「共生」という見方が役立ちました。それぞれの学問が繋《つな》がりをもつことで全体像が明確に把握《はあく》できることを、身をもって経験したのです。

ICUでの学びは対話型

国際基督教大学（ICU）の授業は、ほとんどが対話型授業です。学生同士の対話、学生と教員との対話が原動力です。また、ICUではサービス・ラーニングという授業を行っています。これはサービス（ボランティア）活動の体験を通して学び、物事の本質を解明する方法です。

私も、学生を連れてフィリピンの漁村・農村に行きました。学生は海外のコミュニティに1カ月滞在《たいざい》して寝食《しんしょく》をともにしながら、開発、貧困、平和とはなんなのかを考えました。頭だけではなく体も心も使う自分との対話であり、自分と他文化の対話でもある授業です。ICUは大学創立当時からバイリンガル教育をしていますが、これも自文化（日本語）と他文化（英語）の対話です。異なる世界と対話をすることで、見えなかったものが見えてくるのです。

また、ICUには留学生もたくさんいます。彼《かれ》らはシリア難民の学生も寮《りょう》に住んでいます。彼らはラマダンの際には、日中食事はせず、日《にち》没《ぼつ》後に寮《りょう》で食事を作って日本人の学生と食べたそうです。「どうしてこの習慣があるのか」、学生たちはたがいに話し合うことで、他文化と自文化の理解を深めています。授業でも、日常生活でも、こうした対話がキャンパス内にあふれています。

複数の目をもつ人びとが世界を変える

今世界で問題とされている世界金融《きんゆう》恐慌《きょうこう》、原子力災害、気候変動などは、過去人類が経験してこなかったことです。若い世代に解決してもらわなければならない課題です。未経験の事態への対応は、今までの学問分野だけの勉強では難しく、複眼的に物事を見つめられる素養が必要です。

たとえばメジャーリーガーの大谷《おおたに》翔平《しょうへい》選手は、ピッチャー、バッター、外野手の三つの目をもっているといわれています。野球を複眼的にとらえることで、二刀流の強さが生まれているのではないでしょうか。

それは学問も同様です。一般《いっぱん》教育を横棒として、専攻《せんこう》科目を二つ選択《せんたく》する。また日本語に加えて、二つの言語を学ぶと、物事が複眼的に見えるようになります。根底に広い教養という目があり、二つの専門性という目をもった、地球規模で行動できるグローバルな市民が多く出てくれば、世界も変わってくると思います。

中学生・高校生の人たちは、「?」をいっぱい見つけてください。なぜ世の中はこうなのか、自分はどうなのかという「?」です。それを大学にもってきてください。教養学部で「?」をああそうだったのかの「!」に変えてほしいと思います。

3章

教養学部のキャンパスライフを教えてください

Q14

教養学部ならではの授業はありますか？

専門分野の授業も英語で受ける

専門分野の講義を英語で受けるというのは、教養学部ならではの授業の特徴《とくちょう》のひとつといえる。もちろん、それぞれの大学の教養学部により、英語で開講する科目の数は異なるけどね。いずれにしても、英語で授業を受け理解するためには、1年生の必修科目の英語を真剣《しんけん》に勉強しなくてはならない。

また必修科目の英語は、日本語は使わず英語で教える学校が少なくないんだ。中学や高校の英語の授業では、1回頭の中で英語を日本語に、逆に日本語を英語に変換《へんかん》してから、英語で考える・話す・聞くということをしていなかったかな。必修科目の英語では、高生まではあまりしてこなかった「英語を英語で理解し考える」という訓練も重ねる。最初のうちは慣れないけど、しだいになじんでくるからだいじょうぶだよ。

いよいよ自分の専攻《せんこう》を絞《しぼ》り始めると、それぞれの専門分野の授業を選択《せんたく》する。人文科

学・社会科学・自然科学のなかから、学びたい科目を選べるというのは前述した通り。英語で開講される歴史、政治学、社会学や経済学などをはじめとする専門科目はテキスト・講義はもちろん、意見を述べたり先生に質問したりするのも英語のみ。授業のレポートも英語で書くことになる。そう聞くと少し不安になるかもしれないけど、専門分野に進むころには、英語力は格段に向上してしっかり授業についていけるから、ご心配なく。

少人数での授業が特徴《とくちょう》

少ない人数で行うゼミは別として、大学には100人以上を収容する教室で、授業を行う学部もある。教養学部は総合大学内にあっても、定員は他学部と比べてかなり少ない。教養学部の理念とするリベラルアーツは、少人数クラスでの教育を基本としているからだ。授業も、先生の講義を一方的に聞いてメモを取るだけ、といったものはかなり少ないよ。

授業は4、5人のグループに分かれ、テーマを学生同士で話し合い、調べながら深掘《ふかほ》りしていくという形式が多い。あくまで能動的な授業となるんだ。人数の少ないグループでの学習だから、テーマに対して各自頻繁《ひんぱん》に発言を求められるようになり、必然的にテーマそのものの理解も深まる。また、思考を論理的な意見にまとめ、みんなに理解してもらう発信力が養われる。毎回の授業の密度は濃《こ》いよ。また教授との距離《きょり》も近いので、わからないことや疑問点があったら、なんでもすぐに質問できるというメリットもあるよ。

ディスカッションで問題を掘《ほ》り下げる

少人数の授業ではひとつのテーマに関して、単に発言するだけではなく討論も行う。**ディスカッションといって、クラスやグループのみんながテーマに関して自由に、自分の意見を出し合う。**これも実はプレゼンテーションと並《なら》んで、日本人が苦手とするもののひとつなんだ。「日本人は議論するのを好まない」とよく言われているからね。

でも、授業中の議論で意見がぶつかることこそが、醍醐味《だいごみ》でありおもしろいところ。自分とは異なる考え方や別の視点があると、あらためて知ることができる。その中で相手の意見を尊重して、自分にはなかった気づきを認識し、また新たな角度からテーマを見ることができるようになる。意見がぶつかればぶつかるほど、テーマをより深く掘《ほ》り下げられることになるんだ。ディスカッションでは論理的な思考や、相手に自分の言いたいことを伝えるコミュニケーション能力、相手の意見を尊重する姿勢も身につく。教養学部の学生はこういう習慣がついているせいか、なかなか議論好きの人も多いみたいだよ。

プレゼンテーションの機会が多い

授業にプレゼンテーションを取り入れる学部も増えてきているけれど、教養学部はほかの学部に比べても、数多く行っている。**もともと教養学部では、学生が主体となって考えて発信する授業形態なので、プレゼンテーションの基本である、自分の意見を発表することは日常の授業でも頻繁《ひんぱん》に行っている。**

プレゼンテーションは、クラスやゼミといった少人数の前だけでなく、ときには大人数の教室でも行われる。テーマに沿って、それぞれ図やイラスト、グラフなどを使いながら、与《あた》えられた時間内でわかりやすく説明をする。聞いている人が多いから、みんなの注意をそらさないように、手振《てぶ》りや身振《みぶ》りなんかを交えて、説明する人もいれば「あなたたちはどう思う」とか「ほかにどんな問題があると思う」なんて問いかけながら、一方的に発表をするのではなく、一体感をもたせるような工夫をしている発表者もいる。

先輩《せんぱい》たちのなかには、大学を飛び出して海外の学生会議などで、プレゼンテーションをする人もいるんだ。こうやって学生のころから、人前での発表を何度も経験するので、教養学部の卒業生のプレゼンテーションは社会に出てもうまい、と言われることも多いよ。

受け身ではなくみずから積極的に参加する授業

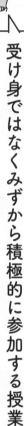

Q15

教養学部ならではの授業外活動はありますか？

フィールドワークに出かける

フィールドワークは、課題のために研究対象の地域へ行って調査をしたり、テーマに関係のある人たちにインタビューを行ったりする。また、そこにしかない資料などを集めたりもする。大学の外に出て行われるこうした調査は、もともとは文化人類学とか、社会学関係でよく行われる手法として知られていたんだ。今は、人文科学、社会科学や自然科学のあらゆる領域の学問でも、研究を進める上で有益ということで実施《じっし》されている。

フィールドワークの期間は、日帰りから数週間にわたり調査をするものまでまちまち。訪れるところはテーマしだいで、農村、漁村、商店街、中小企業《ちゅうしょうきぎょう》の工場、戦争体験をした人たちに話を聞くなど、ほんとうにさまざまな場所や人になるんだ。対象は国内だけじゃなく、ゼミによっては海外に調査に行ったり、海外のフィールドワークに対して支援《しえん》プログラムを組んだりしている大学もあるよ。

こうしたリサーチ活動は、大学内で勉強しているだけでは知り得なかったことや、自分が抱《いだ》いていた先入観や価値観、仮説が実際は間違《まちが》っていた、なんていうことに気づかされる機会にもなる。テーマや課題を、さまざまな視点や総合的な見方をする手助けにもなるんだ。物心ついたときから、インターネットがあたりまえのみんなにとって、わからないことはすぐ検索《けんさく》ということも多いだろう。でもパソコン上では、現地の人たちがほんとうに考えていることや、生の声、彼《かれ》らを取り巻く環境《かんきょう》などは伝わってはこないよね。出向いて行って現地の人とのコミュニケーションを取ること、実際の環境《かんきょう》に身を置くことで得られる情報は、ものすごくたくさんあるんだよ。

ボランティアとサービス・ラーニング

教養学部の在学生や卒業生たちのなかには、積極的にボランティア活動をしている先輩《せんぱい》たちがたくさんいるよ。日本国内に居住する外国籍《せき》の子どもや留学生の手助けや、個人で旅行中に旅先にあった施設《しせつ》でボランティアをしたり、ネパールなど発展途上国《とじょうこく》の工事現場に行き学校や病院の建設を手伝ったり、とかね。最近でこそ、自然災害で被災《ひさい》地となった地域に、ボランティアに入る人たちが増えてきているけれど、まだまだ日本人にとって、ボランティアにかかわる意識は欧米《おうべい》ほど高くはないんだ。ボランティアはもちろん、純《じゅん》粋《すい》に手助けや奉仕《ほうし》をする精神で行われるものだけど、そこから得られることは実に多彩《たさい》だよ。ボランティア先では参加してしばらくすると、解決しなければいけない課題に直面することが多い。その課題に対して根本的な問題は何か、どうすれば解決できるのか、何が必要かさまざまな角度から最善策を考えることになる。参加することで得た体験や、実際に現地で現状を見たことは、経験値として今後の学びや仕事を始めてからも役立つことになる。ボランティアを推奨《すいしょう》している学校も多く、特に教養学部は国際的な人材育成を目標にしているから、学校内に海外でのボランティア活動を紹介《しょうかい》する支援《しえん》室を設置しているところもあるくらいだ。大学に入ったら、ボランティアに挑戦《ちょうせん》してみるのもいい経験だよ。

純粋《じゅんすい》なボランティアとは異なるけど、サービス・ラーニングという学びがある。サービス・ラーニングは国内海外を問わず、ボランティア活動を通じて、大学で勉強したことを社会に還元《かんげん》して、さらにそこから新たな知識を得るという経験的な学習のことをいう。近年ではこのプログラムを取り入れている大学も増えつつある。たとえばある大学では、現地の家庭にホームステイしながら、小学生を取り巻く貧困問題や教育問題、虐待《ぎゃくたい》問題などを調査したり、虐待《ぎゃくたい》から保護されている子どもたちのシェルターを手伝ったりして、こうした問題を考えるプログラムが実施《じっし》されている。頭だけでなく、体や心も使いながら体験のみに留まらない、生きた学びが得られるんだ。サービス・ラーニングでの体験を踏《ふ》まえて専攻《せんこう》を決めたり、将来の進路を決めたりする人もいるよ。

インターンシップに参加する

長期の春休みや夏休みなどを利用して、国内外の会社のインターンシップに参加する学生も多いよ。また、ＮＰＯ（民間の非営利組織）やＮＧＯのインターンとして、実際に各団体が行う活動を体験する人もいる。インターンシップの参加は視野や人脈も広がり、学生以外の人たちの多様な価値観にふれたり、海外なら異文化体験もできたりする。機会があったらぜひ、ためしてみる価値はあると思う。

インターンシップに行く先は、ゼミの先生に紹介《しょうかい》してもらうとか、海外の場合は大学が支援《しえん》しているプログラムから、紹介《しょうかい》してもらうというケースがほとんど。ＮＧＯや海外でのインターンシップは英語に堪能《たんのう》で、プラスアルファの学びもしている教養学部の学生らしい選択《せんたく》でもあるね。

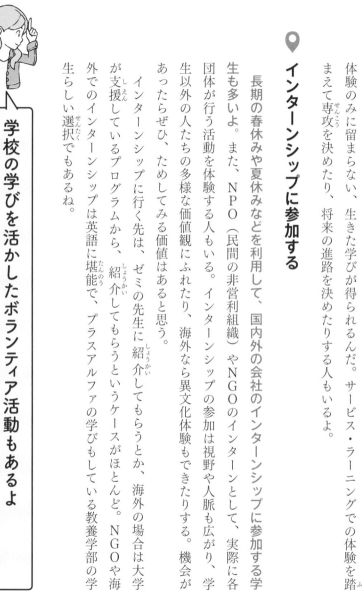

Q16

この学部ではどんな人や世界にふれることができますか？

ゲストスピーカーによる講演で生の声が聞ける

大学の先生が交流のあるさまざまな職業や社会的な立場にいる人たちを、ゲストスピーカーとして招き、授業の一環《いっかん》として生きた現場の声を学生に聞かせる、という機会をつくってくれることもある。ゲストスピーカーは授業の内容に即して選ばれる。一例をあげると、ジェンダー（生物学上の性別ではなく、社会的・文化的通念によりつくられる性別）では、実際の性別と自分が認識する性別が異なる性同一性障害の人や性的少数者・LGBTの人、人権ではアフリカの女性の置かれている社会環境《かんきょう》を現地で調査し、問題を呈《てい》している人などが講演する。また、大学を卒業して就職をしたが、思うところあって、社会的な支援《しえん》を必要とする人たちのために、NPOで働くことにしたという人などが体験を話しに来ることもある。

たとえば、ある大学のジェンダーの講義には、ゲストスピーカーとしてLGBTの人を招き、彼《かれ》らの置かれている状況《じょうきょう》や、彼《かれ》ら自身どんなことが問題だと考えているのか率直な意見を話してもらった。話のなかには重大な問題と一般的《いっぱんてき》に考えられ、LGBTではない人たちが解決策として提案することが、かえって当事者を困らせてしまうことがあること。また、先入観にとらわれた見当違《ちが》いの議論がなされていることなど、資料や本ではわからない当事者側の話を聞いて、はじめて知ることができる内容が話されたりしたという。海外で人権擁護《ようご》や貧困問題に向き合っている人たちの話も同様。実体験に基づいた話を聞ける有意義な機会となる。多様な分野から来るスピーカーたちは、学生同士の限られたつきあいの中では、知り合うチャンスがあまりない経験のもち主。生の声を聞くことで、ほかの人の世界観や価値観にふれることができる貴重な経験となる。

留学生や英語圏《けん》以外の留学先の大学生とのふれあい

教養学部は海外から数多くの留学生を受け入れている。留学生たちの国はまちまちで、学食や図書館、キャンパス内でも出会うことが多い。寮《りょう》がある大学では、必ず留学生と同室になるという学校もある。数ある留学先から日本を選んでくれた、彼《かれ》らとの交流を積極的にもってみては。海外にわざわざ留学に行かなくても、留学生たちと話をすることで得ることはいっぱいあるよ。彼《かれ》らの国の状況《じょうきょう》を教えてもらったり、日本のことをどう見ているのか聞いたりすると、日本人にはあたりまえという常識が海外では特別だったとか、新たな気づきがあったりする。こうしたつきあいは、国内に居ながら国際的な視点で物事を見るトレーニングにもなる。

海外留学を推奨《すいしょう》している各大学の教養学部では、世界各国の大学と交換《こうかん》留学生制度の提携《ていけい》を結んでいる。同じ留学でも英語学科や英文科は、留学するときには英語圏《けん》の国を選んだり、フランス語学科や仏文科はフランス語圏《けん》の国へ学んでいる言語のブラッシュアップのために行く人がほとんどじゃないかな。

教養学部の留学先は、アメリカ・カナダ・イギリスなど英語圏《けん》はもちろん、英語圏《けん》以外の大学の選択肢《せんたくし》もあり、いろいろな国へ留学することができるのも特徴《とくちょう》のひとつだと思うよ。アジアだったら中国《ちゅうごく》、台湾《たいわん》、香港《ほんこん》、タイ、マレーシア、インドなどから、北米、南米、ヨーロッパ、ロシア、南アフリカまで多様な選択肢《せんたくし》のなかから選べるんだ。

中国・台湾・香港は日本の近場で人気の観光地だから、旅行で遊びに行ったことがある人も多いかもしれないね。でも旅行で行くのと、実際に大学生として滞在《たいざい》して生活するのとでは、まったく見えるものが違《ちが》ってくるんだ。また、アイスランドやリトアニア、エストニアなど、日本に入って来る情報が少ない国だからこそ、どういう国なのか知りたいと、あえて留学する学生もいる。

他学部に比べ海外の人とふれあうチャンスがある

留学をした先輩《せんぱい》たちに聞くと、日本国内の大学とは学生たちの学びの姿勢が違《ちが》うという。海外の大学の授業の進め方に刺激《しげき》を受けることや、何よりも現地の同年代の大学生との交流は大きな意義があり、のちにかけがえのない財産となるよ。留学先の授業は、科目ごとに異なるメンバーで受けるので、友だちをつくるのは難しいかもしれない。でも、同じ寮《りょう》や現地の大学で日本語を勉強している学生と、友だちになるチャンスはあるようだ。

留学先の大学生と話してみると、国の情勢や政治、環境《かんきょう》などにより、同じ大学生でも考え方や社会の見方は大きく異なっている。将来の人生設計や目標など、日本の大学生とはまったく違《ちが》ったりすることもあるんだ。あらためて日本という国を客観的に考える機会にもなる。

こうした留学先での経験は、自分自身のことを見つめ直すいい機会にもなるし、新たな価値観や幅広《はばひろ》い考え方を養う貴重な体験となるよ。

Q17 教養学部では必ず留学しなくてはいけないの？

学部の方針にもよる留学

教養学部には留学を勧《すす》めている学校が多いんだ。長期留学のほかにも、1、2年生の夏休みや春休みに、英語力の強化のために、語学研修プログラムを実施《じっし》している大学もあるよ。留学に関しては、すべての教養学部で必修ということではなく、大学によっても異なっている。必修ではない大学でも、他学部に比べると教養学部の学生は留学する人数が多く、積極的に海外に飛び出して学んでいるという印象を受けるよ。留学期間やいつから海外の大学に行くかは大学ごとに異なる。大半は6カ月から1年間の留学期間で、渡航《とこう》時期に関しては2年生か3年生の秋からの出発がほとんどのようだ。

留学には交換《こうかん》留学と私費留学があるんだ。どこが違《ちが》うのかというと、交換《こうかん》留学はその言葉通りで、たがいに協定を結んでいる大学同士で双方の学生の受け入れをする。留学先の大学は提携《ていけい》校のなかから選ぶことになる。交換《こうかん》留学生に選ばれるためには、TOEFLや

留学を推奨《すいしょう》している大学も多いよ

ＩＥＬＴＳを受けて、希望している大学が要求するスコアを満たさなくてはならない。希望者が多い場合は大学内での選考となる。その際には大学の成績や、志望動機・留学先で勉強したいことなどが審査《しんさ》される。また、約１年の留学では現地の学生といっしょに授業を受け、履修《りしゅう》した単位は日本の大学の審査《しんさ》をへて認められることがほとんど。だから留年する心配もないんだ。交換留学生の場合、留学先の学費は日本の大学に納めている学費が充《あ》てられるので、あらためて払う必要はない。学費以外の費用は渡航費《とこう》、海外旅行傷害保険料、ビザ申請《しんせい》にかかる諸経費、住居費、生活費などになる。総費用は、物価が高い欧《おう》米《べい》に留学する場合は１年で２００万円以上となる。ただし現地で住む住居や、周囲の環《かん》境《きょう》によりさらに増えることもある。留学を対象にした各種の給付型奨学金《しょうがくきん》もあるので、申請《しんせい》して受け取れれば決してハードルは高くないよ。

私費留学の場合は必要な条件を満たせば、好きな国の好きな大学に通えるよ。でも、現地の大学の学費は自分で払うことになるし、取った単位も認められないことが多い。メリットは選択肢《せんたくし》が広いこと。デメリットはやっぱり費用負担が大きいことかな。

Q18 教養学部の学生の一日を教えてください

1年生はものすごく忙《いそが》しい

高校では、土・日曜日を除きクラスごとに時間割が決められていて、1限から6・7限までみっちりと授業が入っているよね。授業時間も50分前後が多いと思う。

大学では、学年や学期が始まる前に、自分で科目を選択《せんたく》して時間割を決めていく。科目には卒業するための条件として、必ず履修《りしゅう》しなくてはならない「必修科目」、複数の科目のなかから自分で選択《せんたく》して必ず取得しなければならない「選択《せんたく》必修科目」、好きな科目を選べる「自由選択《せんたく》科目」がある。科目選択《せんたく》は内容を確認しながら必修科目を優先しつつ、授業時間がバッティングしないように時間割を組み立てていこう。

授業内容は「シラバス」と呼ばれる、授業計画書を読めばおおよそわかる。大学によっては学生による授業評や、教授評の冊子が発行されているところもある。履修《りしゅう》した上級生の話を聞くのもいいし、さまざまな情報を参考に興味ある科目を探すのがおすすめ。特

に教養学部は人文科学・社会科学・自然科学などの枠《わく》を横断して、科目を選べることが特徴《とくちょう》。これはおもしろそう、という科目があったら積極的に取ってみよう。また英語で教えられる専門課程の授業が理解できる語学力をつけるため、英語の講義も多い。

授業時間は、高校生のときよりグンと長くなって一コマ90分、ここ数年100分に時間を伸《の》ばしている大学も増えてきているから、最初のうちは長く感じるかもしれないね。

1年生は必修科目、一般《いっぱん》教養科目（基《き》礎《そ》教養科目）や英語の集中授業など、学ぶべきことが多い。英語の集中授業では、グループワークをする大学もあるので、

1年生の授業びっしりな一日

1年生のうちは1限からの授業も多い。がんばって単位を取っておこう。

1年生は英語の授業の課題も多いのでちょっと大変。

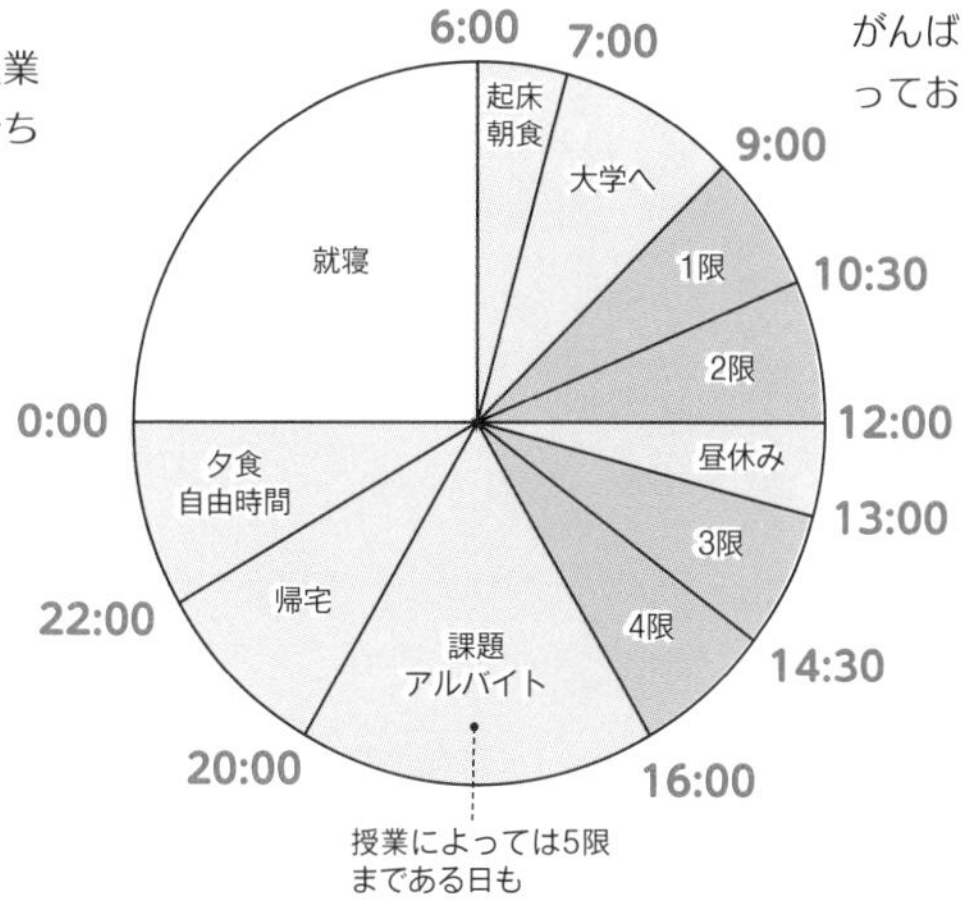

休み時間や放課後などを使い、仲間と課題を行うこともありほんとうに忙《いそが》しい。ほぼ毎日、朝の8時半や9時から始まる1限から、3限・4限と夕方まで授業を受けることがほとんどだ。2年生から留学に行く人は、1年生の夏休み以降から留学先の学校を調べたり、TOEFLやIELTSの試験勉強に、多くの時間を費やしたりするようになる。

大学に慣れるとともに余裕《よゆう》も生まれる

学年が進むにつれ授業数も減り、選択《せんたく》科目が増えてくるので若干、時間の余裕《よゆう》も生じる。時間割の組み方しだいでは、1限がない日や午後の授業がない日などができ、空き時間がつくれるようになる。

3年生の充実した一日

専門課程に入るころ。留学している学生や秋からの留学に備える学生も

3年生になると時間割に余裕ができ、部活動などにも積極的に参加できるよ。

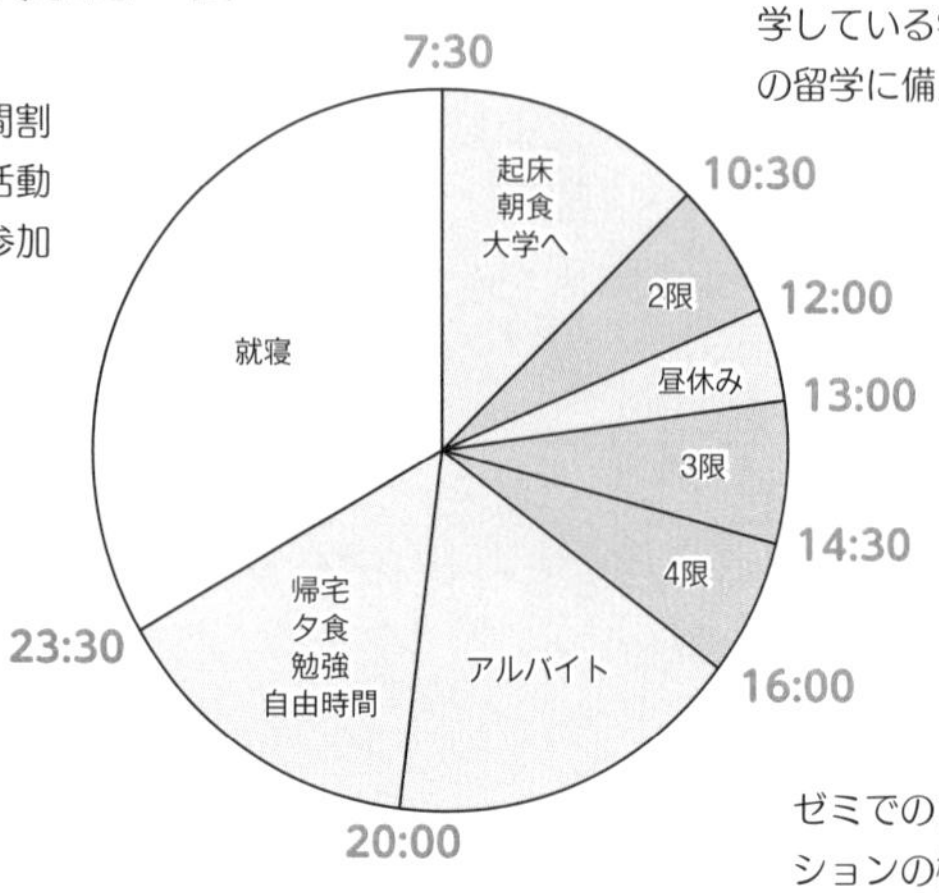

ゼミでのプレゼンテーションの機会も増えてくるよ。

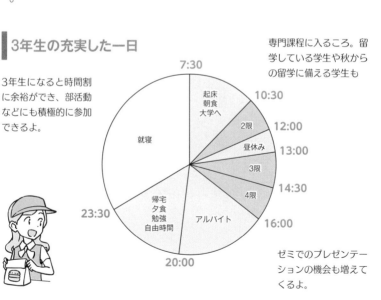

課題やレポートが多く、忙《いそが》しい毎日

ただし、教養学部は課題やレポートが結構多く、勉強は忙《いそが》しい。それでも部活やサークル活動を楽しんでいる学生はたくさんいるよ。授業が終わった後や休みの日を利用して、週数回のアルバイトをしている学生も多い。

学生のなかには、3年生が終わるまでに卒業に必要な科目の大半の履修《りしゅう》を終わらせてしまい、4年になってからは所属しているゼミの授業に1日出席するだけ、という人もいる。

3年生の後半からは就職活動がスタートし、本格的に企業《きぎょう》説明会に参加したり、会社訪問がはじまり、4年生になっても就職先が決まるまで大学以外のことで忙《いそが》しくなる。

教職課程を取っている人は、学校での教育実習を行ったのち採用試験の準備があったり、地方・国家公務員をめざしている人は公務員試験に備えて勉強したりする。学生のなかには教養学部で学んだことをさらに深めたいと、国内や海外の大学院進学を希望する人たちもおり、受験の準備に時間を費やすことになる。4年生になって大学に行かないからといって、のんびりできるわけではないんだね。入学時は4年もあると思うけど、実際はあっという間の短い大学生活。チャレンジしたいことはなんでもやっておいたほうがいいよ。

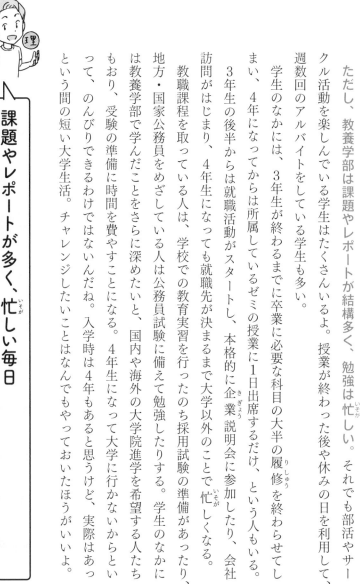

Q19 入学から卒業までの流れを教えてください

1年生では語学と幅《はば》広《ひろ》い領域の基礎《きそ》を学ぶ

高校では決められたカリキュラムに沿って授業を受けていたけれど、大学に入ると必修科目以外に自分で勉強したい科目も選択《せんたく》することができる。

新学期が始まるとオリエンテーションが開かれ、それぞれの科目の授業内容の説明や履《り》修《しゅう》の方法から、留学のプログラムや図書館の利用法まで大学生活で必要なことの説明を受ける。オリエンテーション期間が終わるといよいよ授業だ。1、2年生では一般《いっぱん》教養科目や、専門分野の基礎《きそ》になる科目も勉強し基礎《きそ》学力をつけていく。この期間はいろいろな学問に接することができるチャンス。興味がなかった科目だけど、説明を聞いて授業を受けてみたらおもしろくて専攻《せんこう》にした、と話す先輩《せんぱい》も結構いる。

教養学部の多くは入学前や入学してすぐ、TOEICやTOEFLなどの試験を行う。試験の結果で英語の授業のクラス分けを行うためだ。だけどこの時点で英語の試験結果が

多少悪くても、気にすることはないよ。学生のなかには帰国子女もいてTOEICが満点に近いという人もいるけど、海外旅行にすら行ったこともない、という人だっている。学部では入学してから少人数での英語集中講義を必修とするので、まじめに取り組めば2年生になるころには、英語での授業についていける力をつけることができる。また、2年生で留学を考えている人は、1年生の半ばあたりから準備を始めることになるよ。

2年生は留学や専攻《せんこう》分野を徐々《じょじょ》に絞《しぼ》る時期

2年生では引き続き人文科学・社会科学・自然科学の各分野や、1年生のときよりも若干専門性が高い授業を取りながら、学問について知識を深めていく。授業を通して自分がほんとうに興味をもって学びたい、と思える専攻《せんこう》分野をじっくりと絞《しぼ》っていく期間なんだ。大学によっては専攻《せんこう》分野の授業を、2年生のはじめや半ばにスタートする学校もあるよ。

また、大学の春休みや夏休みに、国内外のフィールドワークに出かけたり、秋から海外の大学に1年間の予定で留学に旅立つ人もいるよ。2年生以降を対象にしたインターンシップを実施《じっし》する企業《きぎょう》もあるので、企業《きぎょう》や職場のことを知りたい人は就職活動の一環《いっかん》として参加してみるのもいいかも。

専攻《せんこう》のゼミや就職を視野に入れる3年生

3年生になるとゼミや指導教授を決めて、選定したテーマの専攻《せんこう》課程で専門性を高めていく。専攻《せんこう》は異なる分野から、複数の選択《せんたく》を認めている大学もある。ゼミの授業では、テーマに沿った日本語や外国語の文献《ぶんけん》を読んでレポートを作成したり、学生同士でディスカッションをしたりする。また、ゼミは少人数なのでプレゼンテーションや意見を述べる機会も多い。担当する学生が少ないぶん、指導教授も各自の研究状況《じょうきょう》をよく見てくれるので、深い学びを実践《じっせん》することができる。2年生同様、国内外のフィールドワーク、インターンシップに参加する人や、

入学から卒業まで

	1年生	2年生	3年生	4年生
春	入学式 オリエンテーション	専門的な学習 一般教養	専攻課程へ ゼミでの研究 実習 フィールドワーク 研修旅行	卒業研究 就職活動
夏	専門分野の 基礎的な学習 一般教養 英語集中 プログラム	夏休みに語学留学やインターンシップも		大学院試験
秋		留学	留学	
冬				卒業論文提出

3年生の秋から海外の大学に留学する人もいる。

3年生の後半になると就職活動が始まる。学内外の企業《きぎょう》説明会や、自分が希望する会社に就職した先輩《せんぱい》を訪問するなど、情報を仕入れたり、業界や企業《きぎょう》、職種などのリサーチや研究を行ったりして、企業《きぎょう》へのエントリーに備えることになる。

卒論と就職活動に忙《いそが》しい4年生

教養学部では卒業論文が大学4年間の学問の集大成と位置づけて重要視されている。大学の卒論の文字数は平均して2万字程度、ともいわれており、関連文献《ぶんけん》を読んだりデータを調べたりして書き上げていく。卒論を書く言語を日本語または英語から選べたり、日本語で書いた場合は英語のサマリー（要約）の提出も必要な学校もある。また、専門課程の学問を追究するため大学院をめざす人もいて、進学数は理系を除く学部のなかでは多いといわれているよ。4年生は就職活動もあり、就職が決まるまで慌《あわ》ただしい一年を過ごすことになる。

幅《はば》広《ひろ》い教養を身につけ専門課程へ進む

教養学部は多くの選択肢から専攻が決められることが魅力

学生インタビュー
1

国際基督教大学《こくさいキリストきょうだいがく》
教養学部アーツ・サイエンス学科　3年生
河手弥々《かわてやや》さん

高校1年生のときに大学のオープンキャンパスに参加し、レポートを書く宿題を通じて国際基督教大学を知る。小規模な大学で個性的な人や学問に対して真摯《しんし》に取り組む学生が多く、よい刺激《しげき》を受けているという。

英語の授業にドキドキの毎日

高校時代は、大学でどんな勉強をしたいとか、将来どうなりたいとか、受験を考えるころになっても決められませんでした。学部を調べるうちに教養学部を知り、さまざまな分野を学べ、その中から自分の勉強したいことが選択《せんたく》できるっていいなと、志望しました。

国際基督教大学（ICU）は入学してすぐに英語のテストを受けて、リベラルアーツ英語プログラムという授業のクラス分けがされます。テストのスコアなどを参考に1〜4のレベルに分かれ、私はいちばん下の4。海外は旅行程度で、英語は読み聞きするだけ。スピーキングはまったく自信がありませんでした。この授業では一切日本語は使えないので、意見を言うのも英語です。最初のころは、ドキドキしながら授業に出席していました。

　クラスは20人ほどが1年間授業をともに受けて課題をこなすので、仲良くなりました。高校までの英語の授業とは内容や環境《かんきょう》が異なり、戸惑《とまど》う点もありましたが、楽しく学べて英語を使うことに躊躇《ちゅうちょ》しなくなりました。

専攻《せんこう》は公共政策と美術に

　入学当初は途《と》上国《じょうこく》支援《しえん》に興味があり、開発研究の授業を多く取りました。ひと通り学んで、開発研究と関連があるかもしれないと公共政策を選択《せんたく》。ほかに美術も取りましたが、これは完全に好奇心《こうきしん》です。そうしたら美術の授業がものすごく楽しくて。ICUには31の専修分野があって、そこからひとつをメジャー（主専攻《せんこう》）として研究する、二つのメジャーを研究する、メジャーとマイナー（副専《せん》攻《こう》）で二つの専門科目の比重を変えて研究するという、3種類の選択肢《せんたくし》があります。

　社会科学系の公共政策と人文科学系の美術と組み合わせたら、文化政策に繋《つな》がりそうでおもしろそうですし、メジャーとマイナーが専攻《せんこう》できるシステムもあるのだからと公共政策をメジャーに、美術・文化財研究をマイナーとして選択《せんたく》しました。

　公共政策では政策のプロセス、行政や国際関係に近いことを、美術はメーンで博物館学を学んでいます。一見して関係のなさそうな両者ですが、博物館は国立や県立があり、その運営は公共政策にかかわっています。文化政策に熱心に取り組んでいる地域は博物館が充実《じゅうじつ》していますし、地域性を重視した文化政策に力を入れている地域もあるので、その関連性などを研究していこうと思っています。

貴重なインドでの実体験

ICUにはサービス・ラーニングという、一定期間社会奉仕《ほうし》活動を行い、実体験を通して知識や理解を深めるプログラムがあります。

私は2年生でこのプログラムに参加して、4週間インドを訪れました。インドの女性問題に興味があり、自分の目で見たい、知りたいと思ったからです。現地では女子大で勉強したり、サービス（ボランティア）活動をしました。インドの女性は伝統的なサリーを着ているイメージがありましたが、若い人たちはジーンズをはくなど私たちと変わらない一面もありました。

ただ、滞在《たいざい》中に小学校と中学校で、インドの社会問題を考えさせる授業をすることになり、テーマをジェンダーとセクシュアリティーにしたのですが、みごとに止められてしまいました。インド社会では受け入れられず、子どもたちには早すぎるというのです。テーマを残すことはできましたが、内容はかなり削《けず》られてしまい、文化の違《ちが》いを感じました。

現地の女子大生とも交流があり、カースト制度の話もしました。その学生はカースト上位の人で、躊躇《ちゅうちょ》なく自分のカーストを教えてくれましたが、果たして下の人は教えてくれるのかどうか……。ショックだったのは、家に招かれたときに、お掃除《そうじ》をしている女性にあいさつをしたら、「なんであいさつなんかするの」という目をされたこと。教科書でしか知らなかった、インドのカースト制度を肌《はだ》で感じてゾワッとしました。

プログラムの参加者はICUから4人、韓《かん》国《こく》6人、中国1人でした。部屋も食事もいっ

インドのサービス・ラーニングでの活動のようす　取材先提供

しょで、自主的に一日のふり返りをして真剣《しんけん》に話し合いをしたり、おたがいの言葉を教えたり、プライベートな話もしました。帰国の日はみんな別れるのが寂《さび》しくて大泣きでした。

好奇心《こうきしん》を引き出してくれた大学

以前は興味があることしか勉強しませんでしたが、ICUに入ってからは、あまり勉強してこなかった分野も選択《せんたく》しています。好奇《こうき》心《しん》が旺盛《おうせい》になって、前よりもっと幅広《はばひろ》いことを知りたいと思うようになったからです。

今後のことは、すごく悩《なや》んでいます。研究したいことが見つかったので、これで卒業するのは惜《お》しいと思い、大学院も視野に入れています。一方で、早く働きたい気持ちもあります。いずれにしても文化財保護といったことに、公共の立場からたずさわりたいです。

広い選択肢のなかから選んだ専攻は国際関係論

学生インタビュー 2

埼玉大学《さいたまだいがく》

教養学部グローバル・ガバナンス専修課程　4年生

堀口友里《ほりぐちゆり》さん

高校２年生のとき、吹奏楽《すいそうがく》部の演奏旅行でウィーンを訪れたことがきっかけとなり、海外に関する勉強をしたいと、志望を教育学部から教養学部に変える。２〜３年生で留学や途上国《とじょうこく》でのインターンシップも経験。

自分の興味を発見する

教養学部はやりたいと思った学問を突《つ》き詰《つ》められるのですが、目的意識がないと何も学べず、終わってしまう学部だと思います。実際に、何を勉強したいのかはっきりしない状態で入ってくる人もなかにはいて、興味ある学問分野が見つかって充実《じゅうじつ》している人もいれば、そうではない人もいます。

私は入学前からとにかく、海外とかかわりたい、国際的な学びをしたいという気持ちが強く、学部選びもそれを優先しました。大学は私立も合格していて、埼玉大学とどちらに進学するか迷いました。在学中に留学は絶対に行きたかったので、留学中の単位認定もしてもらえることや、両親とも相談して私立よりも学費も安い、国立の埼玉大学に進むことにしました。

国際関係論を専攻《せんこう》する

1年生は専修・専攻《せんこう》が決まっていないので、興味ある分野の授業は積極的に学ぶことにしました。その中で国際開発はおもしろいかもと、それほど深く考えずに選択《せんたく》したのですが、本格的に授業が始まったら勉強が楽しくて、国際開発や国際政治の分野にものすごくひかれました。いろいろな科目を学ぶ中で、政治の専門分野をより深く探求したいと思うようになり、国際関係論と国際開発論の2専攻《せんこう》からなるグローバル・ガバナンス専修に所属し、専攻《せんこう》は国際関係論にしました。

この専修では国際政治学入門や、アメリカ政治経済論などの授業を取りました。アメリカ政治経済論は、アメリカの政治と経済の関係を近代から現在まで学びます。トランプ大統領が率いるアメリカ政府に関する、教授の授業は興味深かったです。国際開発学では日本の援助《えんじょ》の姿勢、援助《えんじょ》の問題点、紛争《ふんそう》解決の理論などを学びました。

専修以外の授業で興味深かったのはジェンダー論入門。女性の社会進出ついて学べるのかなと思って選択《せんたく》したのですが、実際にはLGBT（性的少数者）に関する内容でした。

週に1回、LGBTの活動を行う方、たとえばゲイの牧師さんなどを講師に招いて、話を聞きました。LGBTの方の考え方や、カミングアウトしたときのできごとなどを話してもらいました。それまではLGBTのことは、あまり知らなかったのですが、授業をきっかけに関心をもち、アメリカでのLGBT運動を自分で調べるようにもなりました。

留学・海外体験で見聞を広げる

入学当初をふり返ると、英語が学べる環《かん》境《きょう》が整っていたのに努力不足でした。将来は海外での仕事を希望しているのにこれではいけないと、2年生の8月から9カ月間、アメリカのテネシー州にある大学に留学しました。

そこは政治や国際関係を学べる大学だったので、グローバリゼーションやアメリカ政治学に特有なアフリカン・アメリカン・ポリティックスという日本にはない分野の勉強をしました。受講生はアフリカ系の人ばかりでしたが、アフリカン・アメリカンの考え方を聞けたのは、貴重な経験でした。

留学から戻《もど》った直後の夏休みに、海外で行うインターンシップ・プログラムに参加しました。私が選んだのはケニア・ナイロビにある日系のコンサルタント会社で、日本企業《きぎょう》に現地の情報を提供していました。期間は1カ月。食品担当になり、地元のスーパーマーケットをリサーチして、ケニアで売られている商品やその原産国、どの会社のシェアが高いか、値段などのリストを制作することが仕事でした。

ケニアに行くまでは、どんなところかイメージができなかったのですが、かなり発展していてビルもありました。一方でスラムがあったりと、授業で学んだことと実際に目で見たことはまったく異なりました。スラムの人たちが何を考えているのか。日本企業《きぎょう》が富裕《ふゆう》層に向けどのようにアプローチしているのか。日本企業《きぎょう》がアフリカに進出する上での困難や、逆に成功していることは何か。そういった生の情報にふれることができたと思います。

学生インタビュー

留学中にカリフォルニア州にあるジョシュアツリー国立公園へ行きました 取材先提供

就職先で学んだことを活かしたい

就職活動では海外展開をしている食品の企《き》業《ぎょう》を探しました。留学したときに食べ物が合わなくて、食の大切さに気がついたのがきっかけです。食品メーカーと食品専門商社を考えたのですが、専門商社は私には合わないかなと思い、食品メーカーに絞《しぼ》りました。

内定をもらった企《き》業《ぎょう》には商社部門とメーカー部門があります。商社部門は輸出入もありますし、メーカー部門は海外の工場で加工してから、日本に運んでくる商品もあります。

いずれにしても英語を使ったり、途《と》上《じょう》国《こく》を含《ふく》めたさまざまな国とかかわったりする仕事ができるので、大学の4年間で勉強したことが役に立つときがくるのではないかと思っています。

学生インタビュー3

教養学部の学びでの経験でものとらえ方に変化が

早稲田大学《わせだだいがく》
国際教養学部　4年生
三橋祐和《みつはしゆうわ》さん

高校時代は理系志望だったが、言語の仕組みに興味をもち、勉強できる学部として教養学部を選ぶ。3年生ではイギリスに留学し、勉強はもちろん現地の学生との活動に積極的に参加。教職課程も選択《せんたく》し、大学生活は多忙《たぼう》を極めるという。

言語学を研究したい

大学受験では国立・私立の理系学科と、教養系の学部を受けました。とはいっても、志があって理系をめざしたのではなく、高校で理系を選択したため国立理系を受験したのが実情です。

もともと僕《ぼく》は言語研究に興味があったのですが、それを学べるのは文学部ではないな、と探しているうちに国際教養学部にたどり着きました。文系では早稲田大学と国際《こくさい》教養《きょうよう》大学に合格して、すごく悩《なや》んだのですが結局、早稲田を選びました。早稲田は総合大学なので他学部もあり、彼《かれ》らとの交流が刺激《しげき》になると考えたからです。

1年生の授業は、英語習得と基本的な演習科目です。ほとんどの学生は専攻《せんこう》分野を絞《しぼ》れ

学生インタビュー

ていないので、各分野の入門的な授業を受け専攻《せんこう》を見極めます。2年生では中級演習を受け、秋以降は海外留学に行きます。帰国後は1年半同じ先生のもとで専門分野を研究する上級演習・卒業研究を行います。

僕《ぼく》はさらにコンセントレーション（専門分野の集中研究）と教職も選択《せんたく》しています。コンセントレーションは国際教養学部にあるシステムで、学部指定の分野で履修《りしゅう》を組み、教授のゼミに入って論文を書くと、修了《しゅうりょう》証明が取得できます。

僕《ぼく》はコミュニケーション（言語学）のコンセントレーションを取っています。テーマは「第二言語習得に関して」で、外国語の教え方によるメリットとデメリット、その背景にある理論の研究です。発音の教え方、外国語の習得が上手な国とうまくいかない国の違《ちが》いなど、言語学の諸分野を幅広《はばひろ》く学ぶようにしています。

ハードだけど充実《じゅうじつ》した留学生活

国際教養学部では、日本語が母語の学生は1年間の海外留学が必修です。僕《ぼく》は、ハリー・ポッターのロケ地で有名なイギリスのダラムにある大学に、2年生の秋から3年生の夏ごろまで留学しました。大学では主に、英語の歴史言語学と英文学を学びました。それまでは英語の文学的側面よりも、興味のある言語学的側面ばかり学んでいましたが、教職には両方が含《ふく》まれるので、留学を機会に英文学を学ぶことにしたのです。

勉強に関して海外の大学生は真面目《まじめ》です。試験前のピリピリした感じは日本とはけた違《ちが》い（笑）。イギリスでは試験の比重が重く、多くの科目で知識を問う、エッセータイプの試験を2時間ほど課されるので、精神的負担は大きかったです。F（単位を落とす）も簡単についてしまいます。イギリス人の友人は初年度1科目落第したせいで、退学させられてしまいました。

留学の経験は自分を見つめ直す機会となり、自己評価も大きく変化しました。知らない人とのコミュニケーションの取り方、日本と異なる海外の常識の対処法なども、留学したことで得ることができたと思います。

留学中は勉強ばかりではなくハリー・ポッターの研究サークルに入ったり、バンドを組んだり、バレーボールの部活に入ったりしました。バレーの部活は日本とまったく違《ちが》うんですよ。やる気があるのかないのか、練習は来ないけど試合のときはみんな真剣《しんけん》。練習しないと上達しないので、部活へのコミットメントの違《ちが》いに困惑《こんわく》しました。

留学がきっかけとなり、入学当初と4年生の今では、ものの見方が変わりました。これは国際教養学部の学生一般《いっぱん》にもいえることです。留学は苦労することもありますし、世間の全員が善人でないことがわかります。友だちのつくり方も国によって違《ちが》います。こうした経験から受ける影響《えいきょう》は大きいのかな。学問ももちろん、経験を通してもののとらえ方が変わるのが国際教養学部だと思います。

応用言語学を究めるため大学院へ

大学では教職課程も履修《りしゅう》しています。この学部に在籍《ざいせき》しながら教職は大変だからやめたほうがいいと、友だちには忠告されました。それでもやってみようと思ったのは、高校時

イギリス・ダラムでの留学中のひとコマ　取材先提供

代に大学受験で進路に迷ったときに、親身になって相談に乗ってくださった先生方がたくさんいて、自分もそうなれたらいいなというあこがれがあったからです。また日本では、ひとつの言語を義務教育も含《ふく》めて6年も勉強しているのに話せない人が多い。それをなんとかしたいという思いもありました。

そうしたこともあって、言語学をもっと幅《はば》広《ひろ》く学ぶため、今はイギリスの大学院に進学して、英語教育を前提とした応用言語学の修士課程で勉強したいと考えています。

大学院での研究の後、最終的に教職に就くと思います。いずれ応用言語学の要素を踏《ふ》まえた、英語教育をやってみたいという希望もあります。最新の英語教育を研究して、日本に戻《もど》ってフィードバックしたい。中学・高校の英語教育が今のいちばんの関心事です。

学生インタビュー
4

大学の授業を通して客観的な視点を養えた

東海大学《とうかいだいがく》
教養学部国際学科　4年生
岡田拓海《おかだたくみ》さん

ニュースを見たり新聞を読んだりすることが好きで、社会問題にも興味をもつ高校生だったという岡田さん。大学のサークルでは、神奈川《かながわ》県内のブラジル人コミュニティーの子どもたちと遊び、日本人とブラジル人の交流をはかる活動をしている。

少人数でアクティブな授業

高校のころから、「今社会で何が起こっているのか」ということには興味がありました。もっとグローバルに社会が見られるようになりたいと思い、東海大学教養学部国際学科を選びました。

国際学科では、1年次に国際学の基礎《きそ》を学び、2年次で専門科目のなかから興味のある科目を選択します。3年次に研究したい分野に分かれてゼミナールに所属し、最終的に4年次で卒業論文を執筆します。

国際学科では、英語での授業が多いのも特《とく》徴《ちょう》です。1、2年は15～30人ぐらいの少人数クラスで、「読む、書く、聞く、話す」といった実践的《じっせんてき》なプレゼンテーションやディスカッションを学びます。また、一部の政治・

経済・開発などの授業のなかには、英語で行う授業もあります。英語ということで最初は戸惑《とまど》いもありましたが、徐々《じょじょ》に慣れていったので、特別苦労したということはありませんでした。

授業を通じて、日本語、英語とも自分の考えを整理して相手に伝える、というスキルは身についたかなと思っています。

ロシアの学生との会議に参加

2、3年次には、海外での学生会議やプログラムに参加する機会にも恵《めぐ》まれました。

2年次では「日露《にちろ》学生フォーラム」に参加しました。これはロシアから2校、日本から10校の24人の学生が参加して、ウラジオストクで一定のテーマに関して、ディスカッションやプレゼンテーションを行うという会議でした。

テーマは「ロシアの複雑なビザを学生や若者向けに、簡素化するためにはどうしたらいいか」や、「ロシアの広大な土地を使い、どうやって生産性を高めるか」などさまざまです。ディスカッションは、文化関係と農業関係のグループに分かれ、僕《ぼく》は文化関係グループのまとめ役をしました。このフォーラムの成果は、日露学生による共同提言として、安《あ》倍晋三《べしんぞう》首相にも渡《わた》されました。

実をいうとプログラムに参加するまではロシアに関してはあまり親しみも知識もありませんでした。訪れてみて知ったのは、意外なことにロシア人にとって日本人は身近な存在であり、日本によいイメージをもっていることでした。逆に日本人が歴史やマスコミなどに影響《えいきょう》され、ロシアに対してネガティブなイメージをもっているのかなと思いました。

自由時間には英語でロシア人の学生と勉強のことや好きな音楽についてなど日本人の友だちと話すような他愛のない話で盛《も》り上がりました。5日間と短い期間ではありましたが、中身が濃《こ》く充《じゅう》実《じつ》した会議でした。

マレーシアで日本文化を発信

3年次では、外《がい》務《む》省が東南アジア向けに文化の発信を行っている対日プログラムで、マレーシアに行きました。日本の大学3校が集まり、大学ごとに日本の文化に関するプレゼンテーションを行いました。

日本の文化といっても範《はん》囲《い》は広いです。僕《ぼく》たちは日本人の「本音と建て前」を深《ふか》掘《ぼ》りすることがテーマとなりました。上司に誘《さそ》われたときの対応などさまざまな場面を想定して説明しました。

マレーシア人からは、「結局、本音は何?」「ストレートに言えばいいのに」という反応が多かったです。「日本人のこうした側面も日本文化を形成しているひとつ」と説明しましたが、マレーシアの人たちには理解し難かったようです。

世の中を見《み》渡《わた》せる人間になりたい

海外での学生会議やプログラムに参加し「個人とは何か」など、自分の中でさまざまなことを考える機会に恵まれました。そうした経験を通し、自分の意志をもって貢《こう》献《けん》することが人間として大切だと気づきました。

また、いろいろな場面に遭《そう》遇《ぐう》したときに、自分ができることを冷静に分《ぶん》析《せき》することも必要です。たとえばロシアでディスカッション

学生インタビュー

日露学生フォーラムでの活動のようす　　取材先提供

をしたときに、語彙《ごい》力の少なさを痛感したのですが、相手に伝えたい内容は明確だったので、わからないことはいっしょに参加した日本人の学生に聞くなど、助けてもらいながら相手に意見をきちんと伝えました。自分がわからないことやできない部分はそれを認め、仲間と協力することも大事だと実感しました。

今は4年次ですが、世の中で実際に起こっていることと、ニュースで報道することを照らし合わせながら、自分は何ができるか考えたり、客観的な視点をもつことができる基礎《きそ》が養われたと感じます。これは今後どんな職業・あらゆる分野に進んでも役立っていくんだろうなと考えています。

勉強を通して学んだ視点を忘れずに、世の中全体を見渡《みわた》せる人間になれるよう、これからも努力していきたいと思います。

4章

資格取得や卒業後の就職先はどのようになっていますか？

Q20 卒業後に就く主な仕事はなんですか？

専門的なサービス業への就職が多い

就職する職種に関しては製造系が多いとか、金融《きんゆう》系、サービス系が多いとかは、各大学の教養学部によって傾向《けいこう》がある。ただ総じていえるのは、卒業生たちは学部での学びと同様に職種に偏《かたよ》ることなく、さまざまな企業《きぎょう》や職業に就いているということ。

卒業生はさまざまな職種で働いているけれど、なかでも比較的《ひかくてき》多めといえるのはサービス業への就職だ。サービス業というと接客業をイメージするかもしれないけれど、この業界はほんとうにさまざまな業種に分かれているんだ。卒業生たちが就職するサービス業の分野は、広告代理店などの広告業界、企業《きぎょう》の財務書類が法に従ってつくられているかなどをチェックする監査《かんさ》法人、リサーチや研究を通して市場の予測などをする民間・政府系のシンクタンク、企業《きぎょう》のかかえる経営課題の情報を収集して分析《ぶんせき》し、改善策を出してあげるコンサルティング会社や人材紹介《しょうかい》会社など、サービス業のなかでも専門性が要求さ

れる職場だよ。難しい仕事だけど、先輩《せんぱい》たちは大学で勉強したリサーチ力、分析《ぶんせき》力、理論的思考や状況《じょうきょう》に対処する応用力などを活かして、がんばっているんだ。

また、各大学のホームページで職種や、具体的にどんな企業《きぎょう》に就職しているのかは、企業《きぎょう》名も含《ふく》めて詳細《しょうさい》に公表しているので、教養学部のサイトを調べれば、卒業後の進路のおおよその傾向《けいこう》はつかめるよ。

製造業・情報通信業・金融《きんゆう》業に進む人も

製造業と情報通信業、金融《きんゆう》業も教養学部の卒業生の進路として、比較的《ひかくてき》多い職種なんだ。

製造業は日本《にほん》経済の基盤《きばん》となる産業。自動車、鉄鋼、食品、精密機器や半導体、石油・石油化学、医薬・化学薬品ほか、多種多様な製造業がある。製造業は人気の就職先のひとつでもある。職種は経理、営業、商品企画《きかく》、広報・宣伝、生産管理、資材の調達などのほか、理系分野の開発などの部門でも教養学部の出身者は働いているよ。

製造業の会社のなかには、日本《にほん》の工場で作った製品を、国内で流通させたり輸出したりしているところもある。生産拠点《きょてん》も国内だけでなく海外にあったり、海外の工場で加工したものを日本に運び、販売《はんばい》したりすることも行われている。資材も世界中の国々から調達をするなど、企業《きぎょう》はますます国際化を進めている。今後、日本国内にある会社でも、今以上に人材が多様化し、外国出身の同僚《どうりょう》といっしょに働く、というケースも増えてきそうだ。**大学時代、国際的な環境《かんきょう》で過ごし、培《つちか》ったコミュニケーション能力を発揮できる仕事は、これからもっと増えそうだね。**また銀行、証券会社、保険会社など金融《きんゆう》系に就職している卒業生もいる。グローバル化が加速している金融《きんゆう》業界も、活躍《かつやく》できる場となっている。

情報通信業（ＩＴ関連）も、教養学部の学生が卒業後に進む職種だ。情報通信業は固定電話や携帯《けいたい》電話の会社と、プロバイダーやネットサービスを行う会社などのこと。こうした業界は理系の就職先というイメージもあるけど、教養学部の卒業生もたくさん活躍《かつやく》している。グーグルやヤフーなどのようなポータルネット検索企業《けんさくきぎょう》。アマゾンのようにインターネットで商品を販売《はんばい》している会社や、インターネット広告の会社、クラウドサービスの会社などは今の大学生には人気の職種だ。こうした業界は新しい技術がつぎつぎと提供され、熾烈《しれつ》な競争もあるけれど今後も伸《の》びる可能性は十分。ＩＴ系のなかには、もともと外国企業《きぎょう》が日本支社を設立してスタートした会社もあるので、社員のなかには外国人もおり、多様性や語学を重視している企業《きぎょう》も多いよ。

外資系や英語を使う仕事

外資系の企業《きぎょう》に入る人もいるよ。外資系の企業《きぎょう》には、ＣＭでよく名前を聞く消費財系

就職先はバラエティーに富む職種や企業《きぎょう》

（洗剤、ティッシュなどの日用品や化粧品などの商品）のメーカーや、ＩＴ系、金融《きんゆう》系、経営コンサルタント会社などがある。一概《いちがい》にはいえないが、外資系のなかには日本の会社の働き方とは違《ちが》って、すべてに成果を求める会社もある。そうした会社では、自分の意見をもつことも要求される。上司が外国人の場合は、英語で考えを主張する場合もあるよ。

外資系では年齢《ねんれい》とか、何年勤務しているかは一切関係ないという会社も。逆に意見をいわずに遠慮《えんりょ》していると、仕事をやる気がないとか、コミュニケーションを取れない人とレッテルを貼《は》られてしまう。**教養学部は少人数の授業で、自分の考えを伝える訓練をしているから、発信力は育まれていると思う。**日本の企業《きぎょう》とは雰囲気《ふんいき》も異なり厳しい面もあるけど、実力しだいで仕事を任せてもらえるから、向上心のある人には合っていると思うよ。

外資系ではないけれど、英語や外国語が必要な仕事を選び、就職するケースもある。たとえば、航空会社や旅行会社は英語を使う機会は頻繁《ひんぱん》だ。また、総合・専門商社、海運業界などに就職して、世界相手のビジネスや海外に駐在員《ちゅうざいいん》として赴任《ふにん》し活躍《かつやく》する卒業生も。語学ができることは就職の際にプラスとなり、さまざまな選択肢《せんたくし》が広がるよ。

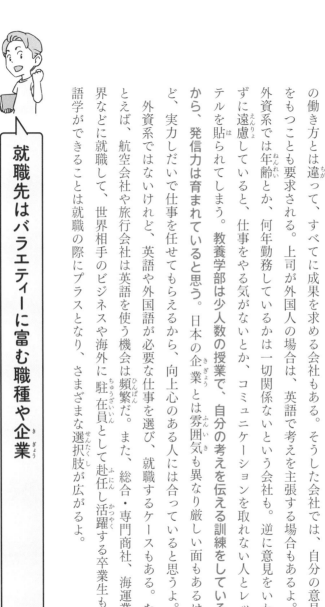

Q21 教養学部で取りやすい資格を教えてください

専攻《せんこう》する領域の教員免許《めんきょ》

教養学部は学問領域が広いので、どの領域を専攻《せんこう》するかで取れる資格は異なってくる。どの領域でも共通して取得できる資格は教員免許《めんきょ》。中学校や高等学校の教員になるために必要な資格で、ほとんどの大学には教職課程と呼ばれる教育課程があるんだ。所定の科目を修めると、中学校教諭《きょうゆ》一種免許《めんきょ》状・高等学校教諭《きょうゆ》一種免許《めんきょ》状の取得ができるよ。

教職課程を選択《せんたく》すると、大学で受ける講義と、4年次に2、3週間ほど中学校や高等学校で実際に生徒に授業を教える教育実習がある。ほとんどの人は自分が卒業した学校で実習をする。実際の教育実習は教材や授業の準備など、しなくてはならないことが山積みでものすごく大変。だけど実習に行った人たちは、ほんとうにすばらしい体験だったと口をそろえるよ。中学校教諭《きょうゆ》の免許《めんきょ》の取得の場合には、加えて介護《かいご》などの体験を7日以上行うことになる。ただし、教職は授業数が増えて多忙《たぼう》になる上に、卒業に必要な単位として認められないことが多いという一面もある。将来、教員を志望する人は別として、教職を選択《せんたく》する場合には、学部の授業との兼《か》ね合いも十分考慮《こうりょ》したほうがいいかもしれないよ。

博物館や美術館で働ける学芸員の資格

学芸員は博物館、美術館、郷土資料館、科学館などに配置される専門職員。館内の資料や所蔵品の収集、保管・調査研究のほか、企画《きかく》展の立案・実行や来館者への教育普及《ふきゅう》活動などの業務を行う。知的欲求が高い人には、すごく魅力的《みりょくてき》な仕事だよね。大学で文部科《もんぶか》学省《がく》令が定める、博物館科目の単位を修得すると、学芸員の国家資格を取ることができるんだ。**教養学部で学んだ広い知識は、学芸員になった後も十分生きてくると思うよ。**ただし、実際の学芸員たちは、修士・博士課程を修了《しゅうりょう》している人がほとんど。ほんとうに学芸員をめざすのであれば卒業後、国内外の大学院への進学をすることも考えておきたいね。

図書館司書・司書教諭《きょうゆ》

まず希望している大学に司書養成課程があるか調べてみよう。図書館司書は資格取得に必要な科目の単位を取得すると、卒業時に資格を得ることができるよ。図書館司書の仕事は、本の貸し出しや返却《へんきゃく》を思い浮《う》かべるかもしれないけど、それ以外にもたくさんの仕事がある。たとえば図書資料（本）の選書や発注・購入《こうにゅう》、図書資料の分類、蔵書目録の作成などの作業、図書館の来館者の調べものの手伝いや、読書を奨励《しょうれい》するためのイベントの企画《きかく》や実施《じっし》まで、ほんとうに業務は多岐《たき》にわたるんだよ。仕事は忙《いそが》しいけど、本が好きという人にとっては、やりがいのある仕事だよね。職場は市区町村の公立図書館や公立学校の図書館、私立図書館、専門図書館、大学図書館などになる。市区町村立の公立図書館は地方公務員としての採用になるので、各地方公共団体が実施《じっし》する公務員試験を受験して合格することが先決だ。司書教諭《きょうゆ》は司書教諭《きょうゆ》養成課程がある大学で、教員免許《めんきょ》とともに資格を取得する

教養学部で取得をめざせる主な資格

社会科学系

- 中学校教諭一種（社会）
- 高等学校教諭一種（公民）
- 博物館学芸員
- 図書館司書
- 司書教諭
- 社会調査士
- 社会教育主事任用資格

人文科学系

- 中学校教諭一種（社会・国語・英語・音楽・美術・宗教）
- 高等学校教諭一種（地理歴史・公民・英語・国語・音楽・美術・宗教）
- 博物館学芸員
- 図書館司書
- 司書教諭

自然科学系

- 中学校教諭一種（数学・理科）
- 高等学校教諭一種（数学・情報・理科）
- 博物館学芸員
- 図書館司書
- 司書教諭

＊取れる資格は大学や学問分野によって異なるので事前に調べよう！

ことができる。図書館司書とは異なり教員の仕事と兼《か》ねて、学校の図書館の運営を行うから教員免許《めんきょ》もいっしょに取ることになるよ。

社会調査士の資格

社会科学系の分野を専攻《せんこう》した学生は、社会調査士の資格が取れるよ。社会調査士は市場動向や社会事象、人びとがどういう意見をもっているかなどの情報を集めて、分析《ぶんせき》を行う専門家のこと。社会調査のための専門知識や技術を使ってその結果に対して、問題点の改善などを提案するんだ。

統計学や社会調査法などの資格認定科目の単位を取り、大学卒業時に一般《いっぱん》社団法人社会《しゃかい》調査協会《ちょうさきょうかい》に申請《しんせい》すれば資格が取れる。また、大学3年生以上になると、社会調査士資格を取得予定であると証明する、「社会調査士（キャンディデイト）取得証明書」が発行される。**マスコミや、調査機関、官公庁など社会調査を必要とする職場への就職活動の際に**は、アピールポイントのひとつになるかもしれないよ。

教員免許《めんきょ》をはじめとし各領域にかかわる資格が取れる

Q22 意外な仕事でも活躍している先輩はいますか？

職業の選択《せんたく》は無限にある

卒業した先輩《せんぱい》たちの主な就職先は一般企業《いっぱんきぎょう》や公務員、研究機関などになる。就職先の業種ととらえると、ほかの学部とあまり変わりないじゃないか、という印象を受けるかもしれないね。卒業後、一般企業《いっぱんきぎょう》に進む人は多いけれど大学生活の中で感じたり、考えたりしたことをもとに答えを出した結果が就職先だ。だから就職をした企業《きぎょう》を選んだ各自の理由を聞くと、彼《かれ》らの目的意識が感じられ、なるほどねと思う。ひと口に一般企業《いっぱんきぎょう》といっても、仕事や業務内容は多種多様。**また、教養学部は在学中、学びの領域の幅《はば》が広がったぶん、卒業生たちは一般企業《いっぱんきぎょう》以外にも実にさまざまな分野で働いているんだ。**

そう考えていくと、正直なところ意外な仕事はないのではないか、とも思ってしまう。それでも、その職業に就く人の絶対数が国内では少ないとか、その職業になる過程が一般《いっぱん》的《てき》ではない、という意味での「意外」性はあるかもしれないね。

たとえば医師として活躍《かつやく》している人がいる。もちろん教養学部を卒業後すぐに国家試験を受け医師になった、というわけではないよ。教養学部で理系の専攻《せんこう》をした結果、さらに深く高い専門性を追求するためには、医学部で学ぶ必要があると考え、医学部に入り結果的に医療《いりょう》の道に進むことになったというケースだ。あるいは在学中に天文学に興味をもち、海外の大学院に進んで勉強した後、世界各地の観測所で観測や研究を積み天文学者になった人もいる。

ほかにも男女にかかわらず、日本国内の航空会社でパイロットとして勤務している人や、宇宙飛行士として宇宙に飛びだした卒業生、アナウンサーや占《うらな》い師、くだけたところではお笑い芸人や俳優やミュージシャンなど、芸能関係に進んだ卒業生もいる。それぞれの価値観に基づいた、多様性のある職業を選択《せんたく》しているよ。

国際公務員となって働く

国際公務員や国際機関で、世界的に活躍《かつやく》するという道もある。教養学部の卒業生で国連職員などの国際公務員として、世界のためにがんばっている先輩《せんぱい》もいるんだ。どんなところで働くのかというと、代表的なところでは、卒業生インタビューでも登場してもらっているユニセフ（国連児童基金）やユネスコ（国連教育科学文化機関）、世界保健機関（W

HO）、国連開発計画（UNDP）、国際移住機関（IOM）、国連難民高等弁務官事務所（UNHCR）など。国際公務員は、世界各地の事務局や地域事務所に赴任《ふにん》して、企画《きかく》から運営、管理までそれぞれのプロジェクトの遂行《すいこう》のために働いている。

国際公務員の人材には、高度な専門知識と即戦力《そくせんりょく》を求められるので、大学院を修了《しゅうりょう》していることは必須《ひっす》だ。各国から集まる職員とのコミュニケーションツールとしての英語など外国語の能力と、さらに以前にどこかの会社なり団体で働いていた、という就業経験も要求されるんだ。必要とされる高度な専門分野とは、経済、社会開発、教育、保健、環《かん》境《きょう》、難民、食糧《しょくりょう》の各分野などになる。国際間の関係・開発などをはじめとして、国際公務員に必要な専門分野の学科も教養学部にはそろっている。大学卒業後、すぐに就職することはできないけれど、やる気さえあれば、国際公務員になるのも夢《ゆめ》ではないと思うよ。ハードルは高いかもしれないけど、やりがいは十分だ。世界を舞台《ぶたい》にして人びとのために役に立ちたい、と考えている人はチャレンジしてみたらどうだろう。

NPO・NGOで社会に貢献《こうけん》する

NPOとはノンプロフィット・オーガニゼーションのことで、非営利組織のこと。卒業後**NPOに所属したり、一旦《いったん》、民間企業《きぎょう》に就職したりしたのち退職して、NPO法人を**

自分で立ち上げ、広く活動している卒業生もいる。障害のある人のためのNPOや、自身の体験を踏《ふ》まえて子どもの教育に関係するNPOを起業した、などの例もある。先輩《せんぱい》たちが所属するNPOの活動内容や、取り上げているテーマもさまざまで幅《はば》が広いよ。

NGOはノンガバメンタル・オーガニゼーションの英語の頭文字を取ったもので、通常、非政府組織と呼ばれている。NPOもNGOも明確な区別はないけれど、一般的《いっぱんてき》にNPOは国内での活動、NGOは海外で国際的な問題に向けて活動している団体のことを指している。海外の貧困地域の人びとの生活環境《かんきょう》の向上を援助《えんじょ》したり、自立や教育環境《かんきょう》を整えたりするなど、こちらの活動もいろいろなんだ。ほとんどのNPO、NGOとも、欧米《おうべい》や民間企業《きぎょう》と比べると収入面ではまだまだ。**でも、国内外の状況《じょうきょう》に高い問題意識をもち、社会貢献《こうけん》にやりがいを見いだすのは、教養学部の学生らしい選択《せんたく》ともいえるんじゃないかな。**

教養学部の卒業生ならすべての職業は意外ではない

卒業生インタビュー
1

教養学部で学んだ多角的視点から考えることが仕事に生きている

UNICEF（国連児童基金）
コミュニケーション専門官
国際基督教大学《こくさいキリストきょうだいがく》教養学部国際関係学科
（現・教養学部アーツ・サイエンス学科）卒業

佐々木佑《さ さ き ゆう》さん

PR会社、コンサルティング会社、NGOの仕事を経て、念願の開発途上国《とじょうこく》を援助《えんじょ》するユニセフの仕事に就く。リベラルアーツで培《つちか》った、専門外にも興味をもって総合的に物事をみる力が、現在の仕事にも役立っているそう。

国際的な社会貢献《こうけん》をしたい

私がユニセフで働いているのは、小学生のときに外交官だった杉原《すぎはら》千畝《ちうね》さんの伝記を読み、生き方に感動したことが理由のひとつです。第二次大戦中、リトアニアのユダヤ人の命をナチス・ドイツから救うため、ビザを発行し続けた杉原さんの話に感銘《かんめい》を受け、自分もいつか誰《だれ》かの役に立つ仕事をしたいと考えるようになりました。また、高校時代に留学先のアメリカ・ネブラスカ州の高校で理不尽《りふじん》な人種差別を経験し、怒《いか》りを感じたことにも起因しています。

　こうしたことがきっかけで将来、国際的に社会貢献《こうけん》できる仕事をしたいと考え、英語と国際関係が学べる国際基督教大学（ＩＣＵ）の教養学部に進学しました。

ICUで国際関係学を専攻《せんこう》してからは、開発途上国《とじょうこく》や紛争《ふんそう》国でかかえている課題と他国との関係、国連、NGO、各国政府のかかわりなどを多角的に学びました。今の仕事でも地球規模の国際的課題は答えを出しにくく、ひとつの専門領域だけでの解決はできないと、実感しています。そういう意味では大学で学んだ物事のとらえ方や見方は、今でも役立っているのかなと思います。

退職してアメリカの大学院へ

3年生のときにアメリカに留学し、4年の8月に帰国しました。すでに就職活動の秋採用は終わったころ。募集《ぼしゅう》中の会社を探し、最初に内定が出たPR会社に就職しました。NGOという選択肢《せんたくし》も考えましたが、ICUの先輩《せんぱい》からの「一般企業《いっぱんきぎょう》で勉強をしてからでも遅《おそ》くない」というアドバイスに従いました。

ところが就職して2年目に現状に疑問を感じてしまい、ほんとうに自分がしたいことをしていないと思い始めたのです。大学の友人に愚痴《ぐち》をこぼしていたら「何も制約がない中で選択肢《せんたくし》があったら何をやる？」と聞かれ、「国連かNGOかな」と答えました。ここではじめて国連を漠然としたあこがれではなく、目標として認識するようになりました。国連職員になるには修士が必要です。「修士を取ってみたら。そこから拓《ひら》ける道がきっとあるよ」と言われてコロンビア大学の大学院に入り、開発途上《とじょう》国の教育政策を学びました。

卒業してデロイト・トーマツというコンサルティング会社に就職し、論理的なプレゼンテーションスキルなどを叩《たた》き込《こ》まれました。その後に二つのNGOを経てユニセフですから、回り道したかもしれません。

ユニセフ東京事務所に配属

ユニセフの目標は世界中のすべての子どもたちの権利の推進です。東京事務所で日本政府との協力関係の推進を主に担当しています。

私はコミュニケーション専門官として、主に三つの活動をしています。ひとつ目は日本政府などから資金調達されたお金が、実際にどう使われ、子どもたちの人生に役立っているかを伝える仕事。ウェブサイトやソーシャルメディアで、支援《しえん》を受ける子どもやお母さんたちのコメントを流したり、日本人に日本政府のODA（政府開発援助《えんじょ》）への理解や支持を促《うなが》すような活動をしています。

二つ目は、ユニセフ議員連盟《れんめい》の議員たちや黒柳徹子《くろやなぎてつこ》親善大使との協力関係や、さまざまなパートナーとの関係の構築。議員や黒柳さんとはユニセフの支援《しえん》地をともに訪問することもあります。三つ目は、ユニセフの関心を若者の間で育む仕事。たとえば、大学生と「ボイス・オブ・ユースJAPAN」というウェブサイトを立ち上げて、彼《かれ》らの考えを発表する場をつくっています。

目標は途上国《とじょうこく》へ行き援助《えんじょ》すること

紛争《ふんそう》や災害では、子どもはいちばん弱い立場です。そうした子どもと家族を支援《しえん》できるのは、ほんとうにやりがいがある仕事です。

議員や黒柳さんたちと総理大臣や財務大臣、外務大臣に、政策提言をすることもあるのですが、それがニュースになったり、視察に行ったレバノンのことがメディアに取り上げられて難民の置かれている状況《じょうきょう》をみなさんに

レバノンへの視察訪問では現地の子どもたちとかかわりました　取材先提供

知ってもらえるなど、自分とチームの仕事が形になるのはうれしいことです。

国際的な場で仕事をしたい、というのは学生のころの目標でしたが、まさにユニセフはそうした環境《かんきょう》。国籍《こくせき》や文化もまったく違《ちが》う人たちが集まり「子どもたちによい未来を」という目標に向かい、力を合わせてがんばれる職場はめったにありません。

今は東京の勤務ですが、海外赴任《ふにん》もあります。途上国《とじょうこく》は駐在《ちゅうざい》した経験がないと赴任《ふにん》が難しいので、ユニセフの制度で3カ月間、アフガニスタンの事業地で働きました。「生きている限りリスクはつきもの。リスクのことよりも、自分がどういう生き方をするかが重要じゃないか」と家族も背中を押《お》してくれました。つぎは途上国《とじょうこく》や紛争《ふんそう》国に行って、子どもたちの傍《かたわ》らで仕事をしたいです。

広く浅い学びが仕事で求められる適応能力につながる

卒業生インタビュー 2

プライスウォーターハウスクーパースあらた
有限《ゆうげん》責任《せきにん》監査《かんさ》法人《ほうじん》　第二金融部
埼玉大学《さいたまだいがく》教養学部グローバル・ガバナンス専修課程卒業

木村《きむら》聡宏《あきひろ》さん

国際経済・国際関係論を専攻《せんこう》。本当の中《ちゅう》国《ごく》の姿を知りたいと留学するなど、充実《じゅうじつ》した大学生生活を送る。卒業後、外資系保険会社に就職、3年後に転職して今は監査《かんさ》法人に勤務している。

事実を知りたいと中国へ

大学にある各学部に対して「こんな勉強をするのかな」という漠然《ばくぜん》とした印象はもっていました。大学受験当時は「広く浅くいろいろなことを勉強したい」と考えていたことと、国際に関して学びたいと思っていたので、進学先に教養学部を選びました。専攻《せんこう》したのはグローバル・ガバナンス専修課程で、国際経済と国際関係の先生のゼミに入ったり、授業を取ったりしていました。

第二外国語の授業も選択《せんたく》できたので、中国語を選びました。中国は人口も多いし、経済も伸《の》びている。中国語ができたら将来に役立つかなと思ったんです。ちょうど尖閣《せんかく》諸島問題が起きたころで、日中関係が微妙《びみょう》な時期でした。テレビを見ながら報道と実際に中国で起きていることに、乖離《かいり》があるのではないかとの疑念も抱《いだ》いていました。まったく状況《じょうきょう》がわからないなら、自分が中国に行けばいいやと。政府や外務省も渡航《とこう》制限していたほどで、危険とはいわれたものの、「今だから行きたい、今行かなかったらいつ行くの?」という気持ちで留学をしました。

直訴《じきそ》して中国人学生と同じ授業に

留学は大学と提携《ていけい》している二つの中国の大学のひとつ、いちばん共産党寄りの北京の中国人民大学《ちゅうごくじんみんだいがく》を敢《あ》えて選びました。報道では「〇万人が反日デモ参加」と言われているけど、実際に反日で参加している人は少ない。参加した友人に「なんで参加したの?」と聞くと、「勉強のため」「参加することで自分がどう考えるか知りたかった」といった理由。

日本の報道とは事実が異なる点もありました。

英語圏《けん》以外の留学先に行くと、語学学習がメーンになります。僕《ぼく》も他国から来た留学生と中国語の勉強をしました。大学には英語で開講している授業もあり、午後はフリーなので、留学事務局に授業に参加したいと直訴《じきそ》しました。語学留学生は本来、学部の授業には許可が出ませんが、日本の大学の「教養学部」で勉強していたことが功を奏したのか、経済・法律・商学の英語の授業への参加を許可されました。現地の学生たちとの交友関係が広がったことも得難い経験。「行動で変わることもある、それでダメならあきらめる」ということを実感した留学でもありました。

就職は金融《きんゆう》にかかわる仕事を希望

就職は自分が興味ある経済にかかわる仕事

をしたいと、金融《きんゆう》業界をめざしました。金融《きんゆう》で何かができれば、分野を超《こ》えて能力を発揮できると信じているからです。

就職活動で大事にしていたのは、いっしょにこの人たちと楽しく働けるか、自分を引き上げてくれるか、という人との関係でした。銀行や保険などの金融《きんゆう》会社から内定が出て、最終的に外資系保険会社に入りました。

入社にあたって後輩《こうはい》から慕《した》われる人になる、自分の希望部署に行く、ボストンキャリアフォーラムに社員として行く、という三つの目標を立てました。すべて達成したのは入社3年目。つぎの目標はニューヨーク勤務でしたが条件が合わず転職を考え、2018年から監査《かんさ》法人で働いています。

今はインシュアランス・アドバイザリー・グループという部門で保険会社への監査《かんさ》業務や、ガバナンス管理や整備のアドバイザリーを行っています。コンプライアンスなどのガバナンス整備、プロジェクトマネジメントなど企業《きぎょう》の状況《じょうきょう》を調査し、企業《きぎょう》の健全性向上を目的とした業務が仕事。会計系コンサルティングファームは、市場のトレンドなどから財務諸表の売上高を伸《の》ばしますが、監査《かんさ》アドバイザリーは当期純利益に対する向上業務とイメージしてもらえばいいかもしれません。会計系コンサルタントを攻撃《こうげき》型とたとえるなら、監査《かんさ》アドバイザリーは守備型といえるかな。

仕事では適応能力を多く求められますが、教養学部で学んだ幅広《はばひろ》い知識や経験が、役立っていると思うことがたくさんあります。

将来の夢《ゆめ》は保育園経営

実は、将来の目標は保育園の経営です。人

卒業生インタビュー

教養学部の学びや経験が日々の仕事に役立っています　取材先提供

を形成する上で重要な場だと思うので。たとえば今の正解といわれる価値観がずっと続くとは限りません。物事のとらえ方、対処法を考えるスキルが必要です。それには現在の教育では限界があると思うのです。子どもが興味をもったことに対して、どうしてそう思ったのかを考えさせる環境《かんきょう》や機会を提供し、広い世界を教えるのは大人の使命だと思います。

こう考えるようになったのは、海外で生活したことがきっかけです。日本人はよく勤勉などといわれますが、年少期から初等教育までの影響《えいきょう》が子どもの将来の人格形成に大きくかかわっていると思います。子ども自身が生まれてきてよかった、と思える社会をつくるのが僕《ぼく》の理想です。保育園をつくり、子どもの教育に取り組むことを実現したいと考えています。

卒業生インタビュー 3

大学で学んだのは人の成長は好奇心と比例すること

商船三井《しょうせんみつい》　エネルギー輸送本部 LNG 船部
国際教養大学《こくさいきょうようだいがく》国際教養学部グローバル・スタディズ課程卒業
山《やま》崎《ざき》翔《しょう》平《へい》さん

写真提供：国際教養大学

もともと消極的な性格だったという山崎さん。国際教養大学入学後、学校の雰囲《ふんい》気《き》や友人たちの影響《えいきょう》で海外に足を踏《ふ》み出すようになった。現在は船会社に勤務しスタッフも多国籍《たこくせき》、交渉《こうしょう》相手も海外とグローバルに活躍《かつやく》。

何ごとも行動あるのみ

国際教養大学（ＡＩＵ）を知ったのはテレビ番組の特集で、こんなおもしろい大学があるんだと驚《おどろ》きました。英語を学ぶ環境《かんきょう》が整っていること、留学生と寮《りょう》で同室になれること、留学できることに魅力《みりょく》を感じ、自分がさらに成長できそうだなと入学しました。半年ぐらいは英語集中プログラムで、話す・聞く・読む・書くを学びます。意気揚々《いきようよう》と授業に出たのですが、いきなり自信喪失《そうしつ》です。高校では英語はできるほうだったのに、実力不足で最初のうちは毎日泣いていました（笑）。

でも、学校の英語集中プログラムを真面目《まじめ》にこなしていくうちに、力がついてきたことを実感し、自信がもてるようになりました。

ＡＩＵは春・秋の２期制で、１～３月は冬

休みです。この間、選択《せんたく》科目を受講することもできますが、僕《ぼく》は1年生のときに3カ月間、東南アジアとインドへの旅をしました。

ところが旅行中に、ラオスでなんと交通事故に。病院でギプスをはめたので、だいじょうぶかなとバンコクに移動、バンコクで再び病院に行ったら、複雑骨折をしているから緊《きん》急《きゅう》手術をすると言われて入院です。親は帰国しろと言うのですが、左手にギプスをつけて旅するのもおもしろいかなと、つぎはインドに移動してマザー・テレサの家でボランティアをしました。無茶かも知れなかったけれど、自分で決めたことをやり通したという経験が、今の自分の原点になったと思っています。

リベラルアーツの本場に留学

AIUの課程にはグローバル・ビジネス（GB）とグローバル・スタディズ（GS）があります。GBは経済、マーケティング、会計などビジネス周りを学びます。GSのほうは政治学、社会学、文化人類学など。僕《ぼく》はGSで経済思想を中心に学びました。

入学後の目的だった留学は、リベラルアーツの本場で学びたかったので、実践的《じっせんてき》な教育手法で有名なペンシルベニア州のディキンソン大学を選びました。留学終了《しゅうりょう》後には、日本人とアメリカ人5人ずつで、アメリカと秋田で各2週間、高齢化《こうれいか》社会をテーマに研究して発表をするプログラムもありました。

この留学でまったく抵抗なく、外国人とコミュニケーションを取れるようになったのは、大きな収穫でした。滞在中は30人の学生に日本語を教えていました。彼らに「AIUはいい大学だよ」って話していたのですが、僕《ぼく》が留学を終えるときに、そのうち8人がＡＩＵに留学することになりました。同じ大学から8人も来るのははじめてだったらしいです。

船こそが海外をつなぐ懸《か》け橋

今は海運会社に勤めています。まったく考えていなかった職種ですが、大学のキャリア開発センターで紹介《しょうかい》されたのが船会社でした。実際に船に乗り込《こ》む日もあったインターンシップで、船を目の当たりにしたら、一瞬《いっしゅん》のうちにその壮大《そうだい》な姿に心をわしづかみにされてしまいました。東京タワーを横倒《よこだお》ししたよりも大きいんですよ。もう船のことが頭から離《はな》れずに、海運会社が第一志望になりました。

そのときにインド人の船長と話したら、これから香港《ほんこん》に行ってシンガポールに寄港してヨーロッパに行くんだと。今の日本の貿易は、重量ベースで99パーセント以上が船で運ばれています。仕事を通して日本と海外を繋《つな》ぐことができる、と直感的に思いました。海外の出張や駐在《ちゅうざい》もあるでしょうから、学んだ英語も活かせるな、とも考えました。

外国人との接し方は大学で覚えた

今はカタールで産出した天然ガスを液化天然ガス（ＬＮＧ）に変え、10隻《せき》の船で運搬《うんぱん》していて、当社でうち4隻《せき》を管理するプロジェクトを担当しています。顧客《こきゃく》はカタールのＬＮＧサプライヤーで、日本の電力会社やガス会社に向けて運搬《うんぱん》をしています。

貨物を積んで日本に帰港したときに訪船するのですが、ＬＮＧの貨物を目の前にすると、これがある地方一帯で使用する電力や都市ガスに変わり、人びとの生活を支えているのだ

海外や多国籍のメンバーとの仕事には大学時代の経験が活かされています

写真提供：国際教養大学

と実感します。やりがいのある仕事だと思っています。最近はパプアニューギニアで採れる天然ガスを、韓国《かんこく》や中国《ちゅうごく》、日本に運ぶプロジェクトにもたずさわっています。

仕事は日本とロンドンの10人以上のチームで行われ、メンバーは日本人、イギリス人やインド人と多国籍《たこくせき》です。仕事上の決定権は東京にあり、こちらの意図を伝えるのですが伝え方が難しい。また、カタール人とは費用負担などについての話し合いをしますので、その交渉《こうしょう》能力も必要です。外国人とのやりとりや交渉《こうしょう》が躊躇《ちゅうちょ》なくできるのは、大学時代の留学や旅行先での経験が役立っています。「人の成長は好奇心《こうきしん》と比例する」。それを教えてくれたのは大学のリベラルアーツの学びで、現在仕事をする上でも、僕《ぼく》の中にはその精神が息づいていると思います。

大学1年次の経験が今の自分に繋がっている

卒業生インタビュー 4

ヴィジオアイリス　ESGリサーチアナリスト
東海大学《とうかいだいがく》教養学部国際学科卒業

飯田夏木《いいだなつき》さん

中・高校の社会科で学んだ国際機関に興味をもち、将来は英語を使った仕事に就きたいと考えて教養学部国際学科に進学。大学卒業後はロンドン大学大学院に進み課程修了《しゅうりょう》。現在は、現地のリサーチ会社に就職し活躍《かつやく》している。

積極的に海外での学びにも参加

東海大学教養学部国際学科を進学先に選んだ理由は、語学をみがくことと高校のころから興味をもっていた国際問題について学べると考えたからです。

在学中は、国際学科のフィールドワークで大学1年次にブラジル、4年次にカンボジアのプログラムに参加しました。それぞれの国を専門に研究している先生方が引率してくれました。各2週間滞在《たいざい》し、ブラジルではスラム街や環境《かんきょう》保全活動の見学、カンボジアでは途上国《とじょうこく》の救急医療《いりょう》やホスピスを訪れ、見学だけでなくボランティアも行いました。

また、私は高校生のころから留学にも興味があったので、大学の制度を利用してイギリスのエセックス大学に行きました。

卒業生インタビュー

留学して感じたのは、学生のディスカッションのやり方が違《ちが》うということです。日本の大学ではディスカッションの機会は少ないと思いますが、イギリスの大学では、さまざまな国から来た留学生といっしょにディスカッションを行う機会がありました。このディスカッションを通じて、異なる考え方や新たな考え方に出合えたことと留学先ではマイノリティーである「日本人」という立場から、さまざまな人に自分の考えを伝えることができたのは、よい経験でした。

卒業後はイギリスの大学院に進学

国際学科で学べたことは、世界各国を専門的に研究している先生から刺激《しげき》を受けたり、さまざまな角度から物事を見たりすることができたことです。

大学卒業後、ロンドン大学大学院に留学したのですが、修士論文は大学1年次にフィールドワークで行ったブラジルで学べたことをテーマとしました。

ブラジルは大豆の主要生産国のひとつです。しかし、その環境《かんきょう》は悲惨《ひさん》な現状です。なぜなら、大豆を大量生産するために、森林を畑に変える環境《かんきょう》破壊《はかい》を行っていたからです。さらに、その土地で生活していた先住民たちも住む場所を奪《うば》われ、人権問題が深刻化しています。ブラジルの大豆畑から生産された大豆は、日本の商社も買い取っています。日本で自分が食べているものの背景に、自然破壊《はかい》や人権問題が存在していたことに私はショックを受け、それが忘れられなかったのです。今の仕事も間接的ですが、企業《きぎょう》活動による人権侵害《しんがい》、環境《かんきょう》破壊《はかい》の抑制《よくせい》に関係しています。

企業《きぎょう》を分析《ぶんせき》し投資家に情報を提供

大学院修了《しゅうりょう》時にはロンドンで働くなんて思っておらず、日本に帰って就職するか国連のインターンを考えていました。偶然、大学院にきていた求人票のなかに、日本語が堪能《たんのう》で企業《きぎょう》の分析《ぶんせき》に興味のある人、というのを見つけて応募《おうぼ》してみました。

就職したヴィジオアイリスは、ＥＳＧ（環《かん》境《きょう》・社会・ガバナンス）に基づいて企業《きぎょう》の格付けを行う会社です。この会社では、利益や株主配当率では見えない部分に重点を置いたリサーチを行っています。化石燃料を扱《あつか》う会社を例に挙げると、環境《かんきょう》問題の対策はしているか、化石燃料（石炭・石油・天然ガス）以外の対策案はもっているか、温室効果ガスの排出量は減っているかなどを調べ、企《き》業《ぎょう》の格付けをするのです。世界的に環境《かんきょう》問題や人権問題への抑制《よくせい》、地域への貢献《こうけん》を行っている企業《きぎょう》は長期的に見てリターンが大きいと考えられています。そのため、投資家たちの間でこのリサーチは重要視されています。私は日本企業《きぎょう》のＥＳＧの分析《ぶんせき》を担当していて、世界中の投資家に情報を提供しています。

いつまでも世界を舞台《ぶたい》に働きたい

大学時代の目標だった「英語を使って仕事をすること」に関しては達成したので満足しています。海外で働くことのデメリットはさほど感じません。しかし、言葉の壁《かべ》はいまだにありますので、気を遣《つか》うこともあります。

ロンドンは国際都市で、さまざまな人種や文化背景をもった人がいます。多様なバックグラウンドのある方が社内にもいらっしゃる

卒業生インタビュー

海外で働くことは刺激的ですよ　　取材先提供

ので、自分の言葉が人種差別に受け取られないか発言に関しては気をつけるようになりました。逆にいうと、周囲の人にもこの考え方は浸透《しんとう》しているので、私自身も人種差別を感じたことはないです。社長も会長も女性なので、女性が不利ということもありません。一方で、キャリアアップために上司に対して主張をしなければならない場面もあります。

今後も世界を舞台《ぶたい》に仕事を続けていきたいです。まだ勉強も足りませんし、ロンドンはESGの最先端《さいせんたん》なので、このフィールドの中で知識を深めてがんばりたいと考えています。

アメリカの元大統領夫人のミシェル・オバマの本に「自分になる（Becoming）のはプロセスだ」と書かれていました。プロセスとしていろいろなことを学び、自分は何者か見つけられればと思っています。

5章

教養学部をめざすなら何をしたらいいですか？

Q23

教養学部のある大学の探し方・比べ方を教えてください

まずは情報集めとリサーチ

教養学系の学部は教養学部、国際教養学部、グローバル教養学部、現代教養学部など学部名はいろいろあるけれど、基本として掲《かか》げているのはリベラルアーツの学び。ここではすべて、教養学部の呼び方にさせてもらうね。一般的《いっぱんてき》に教養学部では、文系も理系の科目も開講しており、どちらの科目でも選択《せんたく》は可能。でも大学の教養学部ごとに、設置している科目、科目のグループ分け、専門課程に対するアプローチの仕方や英語で行う授業の割合などは、それぞれ特徴《とくちょう》がある。どこの大学の教養学部が、自分が興味をひかれる科目や専門課程を開講しているのか、最初に調べてみよう。

もっとも教養学部系への進学を考えている人は、知的好奇心《こうきしん》があって勉強したい学問を絞《しぼ》り切れなかったり、どんな学問が自分に合っているか探しあぐねていたりする人も多いかも。後者の場合は興味がない分野を消去しながら考えてみるのもひとつの方法だよ。

学部の情報は進学情報誌や、それぞれの大学の学部案内のパンフレットを入手したり、ホームページに詳細《しょうさい》が掲載《けいさい》されているので、まずはチェックしてみよう。また、大学によってはホームページ上に、各専門の担当教員の授業方針や簡単なシラバスの説明、在校生や卒業生の声や、よくある質問も掲載《けいさい》されているので参考にしてみるのもいいだろう。

オープンキャンパスや説明会に行こう

大学ではオープンキャンパスといって、夏休みの間や土・日曜日などに施設《しせつ》公開をするイベントを行っている。オープンキャンパスでは、学校の立地や周辺はもちろん、教室や図書館、学食などの校内の見学ツアーも開催《かいさい》されるので、校内外の環境《かんきょう》を知ることができる。学部長や教授による教育方針の話や入試、学費・奨学金《しょうがくきん》制度などの説明もある。教授たちによる模擬《もぎ》講義を行う学校もあり、どんなようすで授業が進むのか体験できる。ほとんどの大学では、個別で質問できるコーナーが設けられているので、わからないことをくわしく聞けるチャンスだ。

また、教養学部は数カ月から1年間以上の留学を必須《ひっす》としたり、留学を奨励《しょうれい》したりしている大学が多いことも特徴《とくちょう》だ。交換《こうかん》留学の場合は、大学に払う学費が留学先の学費に充《あ》てられる場合が多いが、留学のための学費や留学制度、留学中に受けられる奨学金《しょうがくきん》の種類、自己負担額など、留学に関して不明な点、不安な点は質問してみよう。オープンキャンパスでは在校生が案内してくれる。ほとんどがフレンドリーな学生なので、英語で行う授業のことや課題、クラブ活動、大学のイベント、受験対策なんかを聞いてみよう。

日程の都合でオープンキャンパスに参加できなくても、大学は原則的に出入り自由。万一、守衛さんに聞かれたら「受験を希望しているので見学にきました」と言えば、ほとんどの大学は入れてくれる。学園祭も学校のようすやどんな学生がいるのかなど雰囲気《ふんいき》がわかるので、機会があったら見に行ってみては。志望大学が自宅から離《はな》れている場合は、近《きん》隣《りん》の地方都市で大学の説明会や、進学相談会の開催《かいさい》予定がないか調べてみて。大学のパンフレット類も入手でき、教職員に直接質問できるブースが設置されているよ。同じ教養学部でもカリキュラムや個性はいろいろ。複数の大学の説明を聞き見学して、比較《ひかく》するうちに志望校も絞《しぼ》られてくる。オープンキャンパスや進学相談会も、事前の予約や登録が必要な場合が多いから、早めに大学のホームページなどをチェックしておこう。

大学の立地・環境《かんきょう》・進学にかかる費用など

教養学部を設置する大学は国公立、私立とも増加傾向《けいこう》ではあるけれど文学部や経済学部などに比べると、まだそれほど多くはないんだ。教養学部を擁《よう》する大学は、大都市圏《けん》だけでなく、都市近郊《きんこう》や地方にもある。都市の大学か地方の大学かは、選択《せんたく》の上で迷うことのひとつかもしれない。一般的《いっぱんてき》に都市部の大学は交通の便がいいことや、学生以外にもいろいろな人と出会えたり、さまざまな体験ができたりすることが多い。一方、地方の大学は、自然に囲まれたキャンパスの落ち着いた環境《かんきょう》の中で勉学に打ち込《こ》めるし、学生同士のつきあいも密度が濃《こ》い。どちらにしても長所も短所もあるのでじっくり考えてみて。

進学にかかる諸費用も重要な大学選びのポイント。文系学部の場合、初年度は国立大学への納付金は入学金と学費で82万円ほど、公立大学は平均約93万円（地域外からの入学者）で、私立は入学金と学費に施設《しせつ》設備費が加算されて平均約１３６万円（文部科学省私立大学等の令和３年度入学者に係る学生納付金等調査結果）となっている。２年生以降は入学金を除いた額となる。**教養学部は小規模クラスの授業を行うせいか、学費は若干高めの傾向《けいこう》がある。在学中の留学を必須《ひっす》とするところもあるので、留学にかかる費用も頭に入れておきたい。**各私立大学では独自の奨学金《しょうがくきん》制度があり、学費の一部、または全額返済義務が生じない給付型奨学金《しょうがくきん》の制度があるところも。自宅外からの通学にはアパートや寮《りょう》の家賃、生活費の考慮《こうりょ》も必要。一般的《いっぱんてき》に地方に比べると都市部のほうが割高になる。

説明会やオープンキャンパスで生の情報を仕入れよう

Q24 かかわりの深い教科はなんですか？

教養学部はすべての教科に関係ある

何度も紹介《しょうかい》しているように、教養学部の学びは人文科学・社会科学・自然科学の垣根《かきね》を取り払ったものだ。あらゆる分野との繋《つな》がりをもつ学問なので、中学・高校で学ぶ教科はすべてかかわりが深いといえるんだ。だから理想は、理系・文系の区別や教科の好き嫌《きら》いをすることなく、勉強しておいたほうがいいということになる。

たとえば、教養学部のなかで人気がある分野のひとつに、国際問題や国際社会に関連する学問がある。国と国との関係や、国際社会で起こっている紛争《ふんそう》、発展途《と》上国《じょうこく》に関係することなど、国際間のさまざまな事象を研究する。こうした学問は、対象の国や地域がどこにあって、周囲をどんな国に囲まれているか。現代に至るまでの歴史やその国の人種構成、どんな宗教を信じている人が多いのか、政治や経済の状況《じょうきょう》はどうなのかなど、ベーシックな事柄《ことがら》を知ることから始まる。「あれ、高校の地理や世界史、公民なんかで、こう

いう勉強をしたぞ」って思った人もたくさんいるんじゃないかな。

また、今、環境《かんきょう》に対して関心が高まっているけれど、教養学部の環境《かんきょう》学は、社会科学や自然科学を結びつけながら、人間社会との関係、経済活動、企業《きぎょう》、食や環境《かんきょう》保全、開発など広くとらえて展開されていく。授業では文化や社会構造、経済、生態、化学など理系分野も組み合わせた研究が行われるんだ。この分野でも、高校で勉強した地理、公民、生物、化学などの基礎《きそ》知識が役に立ってくる。大学に入ってまったく新しく勉強する科目もあるけれど、大半は、中学・高校と今まで積み上げてきた勉強の延長線上にある。学校の苦手な科目なんか勉強する気にならない、という気持ちはよくわかる。でも「将来、絶対こんな科目使わないだろうな」なんて思っていても、大学に入ったら必要になったということも案外ある。苦手でも最低限の基礎《きそ》だけは固めておくようにしたいね。

英語の勉強はしておいたほうがいい

教養学部に入学してくる人は、中学や高校から英語や外国語が好きという人が多い。将来は海外に行ってみたいとか、英語を使う仕事に就いてみたいという希望をもつ人もいる。この学部は、国際的に活躍《かつやく》できる人材の育成を目的にしている大学が多いので、英語の授業には力を入れている。また、授業やレポートを書くときに、英語の専門文献《ぶんけん》を読む必要もある。だから、中学・高校での英語の勉強はなるべくしておいたほうがいいよ。学校の授業はもちろん、英検など学外の試験を受けてみて、力試しをするのもいいかもしれない。

教養学部には、英語で進められる授業や、2、3年生のときに数カ月から1年の留学を必須《ひっす》としているところもある。海外の大学に留学するときには、現地で授業についていけるという英語の実力を証明しなくてはならないんだ。英語を使って行う専門的な授業についていけるのかとか、留学できるレベルまで英語力が伸《の》びるのかって、ちょっと心配になった人もいるかもしれないね。でもそれは心配ご無用。誰《だれ》もが英語の文献《ぶんけん》をはじめからすんなり読めたり、ネイティブの先生が話す言葉を聞き取れたりするわけじゃない。

大学の1年生では英語集中プログラムがある。大半の学生は「話す・聞く」を苦手とするけれど、少人数のクラスで鍛《きた》えられる。クラスは英語のレベルが同じくらいの人なので、切磋琢磨《せっさたくま》しながら集中プログラムが終了《しゅうりょう》するまでには、レベルはかなり向上する。

今できることとしては、中学・高校の授業で学ぶ基礎的《きそてき》な英文法をしっかり覚えること、長文読解の訓練をして英語に慣れるようにしておくことだ。

実は国語や数学も重要

今まで英語、英語と言ってきたけれど、国語も忘れてはいけない重要な科目だ。授業や研究のための文献《ぶんけん》は英語だけではなく、日本語で書かれた文献《ぶんけん》もたくさん読まなければならない。こうした文献《ぶんけん》を読んで情報を収集して、考察し自分の意見をまとめ上げるには、文章を理解する力が要求される。提出しなければならない課題やレポートの構成、自分の考えを伝える論理的な文章をつくるのも、読解力がものをいう。

バイリンガル教育の分野ではよく言われることだけど、第二外国語の語学力は、母国語以上には伸《の》びない。だから国語の力がつけばつくほど、英語の力もそれにともなって伸《の》びていくことになる。国語の力は英語の力とも密接に関係しているんだよ。

また、教養学部の自然科学の領域は理系の勉強が中心となるから、当然数学は必要となる。文系の領域でも数学を使う学問があるよ。たとえば経済学。経済活動を数理的に分析《ぶんせき》し、それをさらに応用した経済の勉強もあるのでかなり数学は使う。社会学や心理学、言語学では統計学を使いながら事象の分析《ぶんせき》を進めていく。だから高校までの数学は、理系並《な》みにとは言わないまでも、基礎的《きそてき》な問題ぐらいは、わかるようにしておいたほうが学べる分野の幅《はば》も広がるよ。

英語と国語はもちろん、ほかの科目も基礎《きそ》は押《お》さえて

Q25 学校の活動で生きてくるようなものはありますか？

アクティブラーニングでは積極的に

通常、学校の授業は、教室に座って先生が黒板に書いたことや、話したことをノートに書いていくという進め方が大半だ。ところが近年では、アクティブラーニングといって生徒が主体となる学習法を、導入している学校が増えてきている。もうすでに「授業でやったことがあるよ」とか、「学校でやっているよ」という人も多いんじゃないかな。**アクティブラーニングは、教養学部の学び方とも共通する点がある。**

アクティブラーニングの授業では、まず課題に対して自分たちで何が問題か考え、情報を収集して分析《ぶんせき》・整理をすることから始まる。それらをもとに、今度は課題に関係のある人たちの聞き取りや、グループディスカッション、ディベートなど、ほかの人との意見交《こう》換《かん》をし、いろいろな角度から考え、考察を深めるという作業をするよね。その後、グループとしての考えを調整し、問題点とともに解決法を見つけプレゼンテーションや、レポー

トにまとめたりする。グループの数だけ解決法や答えは出てくるはずだ。

教養学部での授業も、答えはひとつではない課題を追究している。それぞれの問題に対する解決能力を養うという学びは、教養学ととても類似している。また、文部科学省《もんぶかがく》はアクティブラーニングの目的のひとつとして、「テクノロジーやＡＩが急激《きゅうげき》に発達する社会変化に、対処する応用力や適応力のある人間を育成する」、と言っている。それも教養学部の学問の目標と共通しているんだ。

アクティブラーニングは、自分の考えを論理的にまとめる練習になる。また、**グループワークでのコミュニケーションや、みんなで協力して行うプレゼンテーションも、大学のゼミの授業で役に立ってくるよ。**グループワークだとついつい遠慮《えんりょ》しちゃう人は、ひと言自分の意見を言ってみることから始めてみたらいいよ。

文化祭などイベントを楽しもう

高校生活のビッグイベントといえば文化祭。部活の発表や校内の装飾《そうしょく》、クラスで出し物を決めて準備をするのは、忙《いそが》しいながらも充実《じゅうじつ》している時間だよね。みんなで楽しむ文化祭から、無意識のうちにいろいろなことを学ぶことができているんだよ。

高校ではクラスごとに出し物をする学校が多いけど、どんな出し物にするか、アイデアを出し合うときには、自分の意見をわかってもらえるように、伝えようと努力をするよね。

高校のクラスには、いろいろな考えや個性をもつ人が集まっている。クラスメートの異なる意見やアイデアを聞いてどれが一番か考えたり、もうひと工夫を加えるともっと楽しくなるよ、なんて提案したりもするだろう。**こうしたことって、発信力や、柔軟《じゅうなん》に相手の意見を聞いて理解を深めること、広い視野から考えるといったことに繋《つな》がっているんだよ。**

出し物が決まったら、みんなで文化祭という目標に向けて協力しながら作業を進める。多少ぶつかり合うことがあっても、コミュニケーションを取りながらひとつのことを成し遂《と》げることで、チームで働くことの実感を得られる。文化祭が終わった後に、なんとなくやり遂《と》げた満足感や充実感《じゅうじつかん》に浸《ひた》れるのも醍醐味《だいごみ》だよね。

もちろんクラブ活動や体育祭だって同じだ。こうしたチームワークで動く力を養うことは、大学のゼミの共同リサーチやフィールドワーク、また社会人になってからも生きてくる経験となる。勉強も大事だけど、高校でのイベントにも積極的に参加してみよう。

いろいろな分野の読書をしよう

中学校、高校と学年が進むにつれ、部活や塾《じゅく》、受験勉強など忙《いそが》しくなって、読書から遠ざかっている人も多いんじゃないかな。空き時間はゲームを楽しむから、読書する時間はないという人もいるかもしれないね。だったら、毎日5～10分程度でもいいから、通学の電車やバスの中など、ちょっとした時間を有効に使って読書をしてみては。

本は好きなジャンルや興味のある分野、もし大学でも勉強してみたいことがあればそれに関する本でもいい。武将のゲームをしている人は、キャラクターの武将の伝記や戦国時代の歴史を読んでみたりすると、ゲームとは違《ちが》った発見があると思うよ。また、取り掛《か》かりは映画化やテレビドラマ化された原作や、好きなタレントが推薦《すいせん》している小説や新書からでもいい。本を読み進めるうちに、新たな興味対象ができたり、同じ作家の違《ちが》う本を読んでみたくなったりすることもある。

なぜ読書を勧《すす》めるかというと、多くのメリットがあるからだ。本を読み、異なる人生を体験することは想像力を育て、それはアイデアのもとにもなる。本には今まで知らなかった言葉や漢字も出てくるので、語彙《ごい》力もアップするし文章力もつくんだ。そして何よりも教養の蓄積《ちくせき》ができるよ。

積極的なコミュニケーションで発信力と理解力を養おう

Q26

すぐに挑める教養学部にかかわる体験はありますか?

新聞を読み、ニュースを見て考えよう

すぐに挑《いど》める体験として、まずお勧《すす》めしたいのは新聞を読むことと、ニュースを見ることだ。新聞には日本の国内外の政治・経済・文化・スポーツなどのほか、自分の住んでいる地域の情報が掲載《けいさい》されている。**今日本や世界で起こっていること、問題になっていることや流行《はや》っていることなど、さまざまな情報の広く浅い知識を得るためには、新聞は便利な道具のひとつだ。**文字がびっしりで読むのが面倒《めんどう》だという人は、芸能やスポーツでもなんでも、自分の興味がある記事から入って「読む」習慣をつけてみよう。そして徐々《じょじょ》に、ほかの分野の気になる記事も読むようにしていけばいいと思う。時間のないときは1面からぱらぱらと紙面をめくって、大小の差のある見出しを見るだけでも、国内外で何が大きな話題となっているかわかる。

テレビのニュースでも、国内外のさまざまなできごとを知ることができる。ニュースで

取り上げられている言葉、用語や報道されている事柄《ことがら》の関係性などを、図解したパネルを使って専門家が解説してくれたりもしているので、難しい内容でも理解しやすい。**そうして毎日、新聞を読み、テレビのニュースを見るようになったら、ちょっとだけ情報の内容を考えてみる癖《くせ》をつけてみよう。**新聞社は全国紙、地方紙合わせて数十社ある。テレビニュースも公共放送（ＮＨＫ）や民放、地方局など数十社あるけれど、同じトピックの報道でも、内容が各社まったく同じということはない。それぞれの新聞社や放送局の方針によって、報道される内容の伝え方や評価が変わってくるんだ。

だから、報道を鵜呑《うの》みにしないで「どうして」と考えてみることや、他社の報道と比較《ひかく》してみることをお勧《すす》めする。新聞やニュースで伝えられている世界や日本のできごとなど、あらゆる事柄《ことがら》の情報がほんとうに正しいのか、まず疑問をもってみるようにしよう。そうした考え方が身についていると、必ず教養学部での学びに役立つときがくるよ。

高校生が運営する会議に参加してみる

学校や地域を超《こ》え、一歩外に出て高校生を主体とした会議に参加してみよう。ほかの高校生たちが、どんなことを考えてどんな価値観をもっているのか知ることができる。

高校生を対象に各団体や、高校生たちみずからが主催《しゅさい》し運営する会議が、各地で開かれ

ている。民間や公共の団体が主催《しゅさい》する会議から、県内・市内の高校が集まって開催《かいさい》するもの、ひとつの高校で他校の高校生を招いて行うものまで規模はまちまちだ。議題となるのも地域の活性化・地域の課題の解決や、環境《かんきょう》問題、国際問題、教育問題などどこちらも多様だ。なかには、高校生たちが会議でまとめた政策提言を中央官庁に行き、プレゼンテーションをするものや全日本高校模擬《もぎ》国連大会のように大がかりな会議もある。

会議の規模の大小には関係なく、こうした会議に参加することで、問題を分析《ぶんせき》して多角的、論理的に考えることや、自分の意見を相手に伝える力などが養われるよ。また、同じ高校生が、どんなことを考えているのか、知ることができるのも楽しいし、他校の友だちができるチャンスでもある。自分にはハードルが高いと思うのなら、興味のある議題の会議を聞きに行ってみるだけでも、得るものがあると思う。

高校生の会議への参加者の募集《ぼしゅう》は、ホームページやフェイスブックに告知されている。まずは地元の近くや県など、身近なところで開かれている会議を調べてみよう。

学校以外の英語にチャレンジ

みんなのなかには、町で外国人に英語で道を聞かれたり、駅で電車や切符《きっぷ》の購入《こうにゅう》の仕方を聞かれたりして、焦《あせ》ったことがある人はいないかな。英語で「聞く」「話す」を苦手とする人は多いよね。そこで、おすすめなのは、ラジオやテレビの基礎《きそ》英語や英会話のプログラム。だいたい1回15分ぐらい。英語特有の言い回しを覚えたり、ネイティブスピーカーの発音に慣れたりすることができるよ。クラブ活動や塾《じゅく》で忙《いそが》しい人も、英語の無料アプリもあるのでスマートフォンに入れておくと、時間のできたときや通学中に聞ける。

また、英語の資格にも積極的にチャレンジしてみよう。大学入試も多様化して英検（実用英語技能検定）のほか、読む・書く・話す・聞くといった能力を測るGTECやTEAPといった試験を活用する大学も増えてきている。一定以上のスコアを獲得《かくとく》すれば、入試で優遇《ゆうぐう》されたり、英語の試験を免除《めんじょ》したりする大学もある。TOEICに関しては、前にも書いたように、大学入学後のクラス分けにも使われる。大学ではじめて受けるよりも、高校時代に1回でも受けておくと、テストの構成や時間の配分などおおまかなことが把握《はあく》できる。

英検、GTEC、TEAP、TOEICの試験は全国の主要都市で、年複数回行われているので、力試しをしてみたらいいと思うよ。

入ってくる情報に関して自分なりに考える癖《くせ》をつける

著者紹介

木村由香里（きむら ゆかり）

フリーライター・編集者。出版社勤務を経て独立。主に旅行誌や書籍、企業の広報誌をメーンに編集・執筆するほか、ヒラリー・ロビンソン著「みんなのきょうしつ」シリーズ『ありがとうエバせんせい』『ぼくはひまわり』『みんなでクリスマス』『かぞくになって！』（絵本塾出版）などを翻訳。共著書に『美容師・理容師になるには』（ぺりかん社）などがある。

なるにはBOOKS 大学学部調《だいがくがくぶしら》べ

教養学部《きょうようがくぶ》　中高生《ちゅうこうせい》のための学部選《がくぶえら》びガイド

2020年6月15日　初版第1刷発行
2022年7月10日　初版第2刷発行

著者　木村由香里
発行者　廣嶋武人
発行所　株式会社ぺりかん社
〒113-0033　東京都文京区本郷1-28-36
TEL：03-3814-8515（営業）/03-3814-8732（編集）
http://www.perikansha.co.jp/

装幀・本文デザイン　ごぼうデザイン事務所
装画・本文イラスト　保田正和
写真　編集部
印刷・製本所　株式会社太平印刷社

ISBN978-4-8315-1564-3
Printed in Japan

【なるにはBOOKS】

税別価格 1170円〜1600円

1 パイロット
2 客室乗務員
3 ファッションデザイナー
4 冒険家
5 美容師・理容師
6 アナウンサー
7 マンガ家
8 船長・機関長
9 映画監督
10 通訳者・通訳ガイド
11 グラフィックデザイナー
12 医師
13 看護師
14 料理人
15 俳優
16 保育士
17 ジャーナリスト
18 エンジニア
19 司書
20 国家公務員
21 弁護士
22 工芸家
23 外交官
24 コンピュータ技術者
25 自動車整備士
26 鉄道員
27 学術研究者(人文・社会科学系)
28 公認会計士
29 小学校教諭
30 音楽家
31 フォトグラファー
32 建築技術者
33 作家
34 管理栄養士・栄養士
35 販売員・ファッションアドバイザー
36 政治家
37 環境専門家
38 印刷技術者
39 美術家
40 弁理士
41 編集者
42 陶芸家
43 秘書
44 商社マン
45 漁師
46 農業者
47 歯科衛生士・歯科技工士
48 警察官
49 伝統芸能家
50 鍼灸師・マッサージ師
51 青年海外協力隊員
52 広告マン
53 声優
54 スタイリスト
55 不動産鑑定士・宅地建物取引主任者
56 幼稚園教諭
57 ツアーコンダクター
58 薬剤師
59 インテリアコーディネーター
60 スポーツインストラクター
61 社会福祉士・精神保健福祉士
62 中小企業診断士
63 社会保険労務士
64 旅行業務取扱管理者
65 地方公務員
66 特別支援学校教諭
67 理学療法士
68 獣医師
69 インダストリアルデザイナー
70 グリーンコーディネーター
71 映像技術者
72 棋士
73 自然保護レンジャー
74 力士
75 宗教家
76 CGクリエータ
77 サイエンティスト
78 イベントプロデューサー
79 パン屋さん
80 翻訳家
81 臨床心理士
82 モデル
83 国際公務員
84 日本語教師
85 落語家
86 歯科医師
87 ホテルマン
88 消防官
89 中学校・高校教師
90 動物看護師
91 ドッグトレーナー・犬の訓練士
92 動物園飼育員・水族館飼育員
93 フードコーディネーター
94 シナリオライター・放送作家
95 ソムリエ・バーテンダー
96 お笑いタレント
97 作業療法士
98 通関士
99 杜氏
100 介護福祉士
101 ゲームクリエータ
102 マルチメディアクリエータ
103 ウェブクリエータ
104 花屋さん
105 保健師・養護教諭
106 税理士
107 司法書士
108 行政書士
109 宇宙飛行士
110 学芸員
111 アニメクリエータ
112 臨床検査技師
113 言語聴覚士
114 自衛官
115 ダンサー
116 ジョッキー・調教師
117 プロゴルファー
118 カフェオーナー・カフェスタッフ・バリスタ
119 イラストレーター
120 プロサッカー選手
121 海上保安官
122 競輪選手
123 建築家
124 おもちゃクリエータ
125 音響技術者
126 ロボット技術者
127 ブライダルコーディネーター
128 ミュージシャン
129 ケアマネジャー
130 検察官
131 レーシングドライバー
132 裁判官
133 プロ野球選手
134 パティシエ
135 ライター
136 トリマー
137 ネイリスト
138 社会起業家
139 絵本作家
140 銀行員
141 警備員・セキュリティスタッフ
142 観光ガイド
143 理系学術研究者
144 気象予報士・予報官
145 ビルメンテナンススタッフ
146 義肢装具士
147 助産師
148 グランドスタッフ
149 診療放射線技師
150 視能訓練士
151 バイオ技術者・研究者
152 救急救命士
153 臨床工学技士
154 講談師・浪曲師
155 AIエンジニア
156 アプリケーションエンジニア
157 土木技術者
158 化学技術者・研究者
補巻25 教育業界で働く
補巻26 ゲーム業界で働く
補巻27 アニメ業界で働く
学部調べ 看護学部・保健医療学部
学部調べ 理学部・理工学部
学部調べ 社会学部・観光学部
学部調べ 文学部
学部調べ 工学部
学部調べ 法学部
学部調べ 教育学部
学部調べ 医学部
学部調べ 経営学部・商学部
学部調べ 獣医学部
学部調べ 栄養学部
学部調べ 外国語学部
学部調べ 環境学部
学部調べ 教養学部
学部調べ 薬学部
学部調べ 国際学部
学部調べ 経済学部
学部調べ 農学部
学部調べ 社会福祉学部
学部調べ 歯学部
学部調べ 人間科学部
学部調べ 生活科学部・家政学部

※一部品切・改訂中です。 2022.6.